友達をヘルプするカウンセリング

ピアヘルパーハンドブック 新版

NPO法人 日本教育カウンセラー協会 編

図書文化

まえがき

ピアヘルピングを学ぶみなさんへ

ピアヘルパーの誕生

世の中が様々に変化するなかで，カウンセラーの仕事は世の人々の注目をひいています。この場合のカウンセラーとは，プロのカウンセラーのことです。つまり，カウンセリングを職業としている人のことです。

ところが，ここに新しい考え方が出てきます。何か困りごとや事件が起こってからプロの援助を求めるよりも，問題が起こらないように普段から仲間同士で援助し合うことのほうが効果的ではないか，という考え方です。

つまり，学生同士とか，職場の者同士とか，家族の者同士とかの普段の交流が，問題の発生を予防するのです。いや，予防どころか，生活の充実感・幸福感を増すのではないでしょうか。

そう考えたときに，ピアヘルパーが誕生したのです。

「私は助ける人，あなたは助けられる人」といったプロ意識に立つカウンセリングではなく，「私は今日はあなたを助ける人ですが，明日はあなたに助けてもらうかもしれない人間です」というように，助けたり，助けられたりのカウンセリング。これがピアヘルピングの本質です。

ピアヘルパーの仕事は，仲間に対して「旅の道づれ」になることです。

「旅の道づれ」になるとは，①話し相手になること，②荷物の番をしたり，荷物を背負ってあげたりすることです。つまり，言語的および非言語的なコミュニケーションを通して，仲間に生への意欲を与えることです。

ところが，好意で「道づれ」になったつもりのものが，相手にとってはわずらわしい，うっとうしいということがあります。動機は善でも，結果として友人を失う，後輩と疎遠になる，ということがあります。

そうならないためには，「知恵ある好意」が必要となります。ここでいう知恵とは，カウンセリングの基礎知識のことです。このテキストは，その知恵の概説書ということになります。

ピアヘルピングの学び方

ピアヘルピングを学ぶには，次の領域の基礎的知識を習得してください。

第 1 領域　カウンセリング概論
第 2 領域　カウンセリングの技法
第 3 領域　青年期の諸問題

大学や短大や専門学校の履修科目で，これらの内容にふれているものを計 2 科目 4 単位をめどに学んでください。科目の名称は上記のものでなくてもかまいません。独学にありがちな偏向や誤解を避けるために，授業で大筋をつかんでほしいのです。シラバスを見てから，ピアヘルパーの資格取得業務に関与している教職員に相談することをお勧めします。

それから授業と並行して，テキストブック（本書とワークブック）を精読してください。日本教育カウンセラー協会が行う認定試験の問題は，基本的にこのテキストのカバーする範囲から出題されるからです。ただし，出題問題の内容や形態はテキストのものと異なります。

ピアヘルパーの資格は学生対象で，加盟校でのみ取得できます。詳しくは，各学校か日本教育カウンセラー協会までお問い合わせください（154 ページ参照）。

その他の学習として次の３つをすすめます。

(1) 構成的グループエンカウンターを体験すること。シェアリングとはどんなことかが体験学習できるからです。
(2) 自分のなじめそうなクラブやサークルが学校の内外にあるなら，なるべく参加すること。多様な人に接すると耳学問できるからです。
(3) 本を読んで学ぶこと。知は力なりですから。

ところで，ピアヘルパーの資格を取ったあとには何をするのか，なぜそれをするのか。この問いに，いまのところ次のように答えます。

まず，日常生活で人にサービスをすることです（これは学生時代はもちろん，卒業後や就職後にも言えることです）。自分からあいさつする，高齢者に席をゆずる，友達にノートを貸す，ぽつんとしている人に仲間を紹介する，などを心がけることです。人をケアするとは，人に依存されることです。依存されると，自分自身が自立します。「情けは人のためならず」，巡り巡って自分に戻ってくるのです。

第２に，ピアヘルピング研究会などをつくって学生のサポートグループを主宰したり，新入生をケアするプログラムを企画展開したり，あるいは学生相談室の行事（SGE，研修会，遠足など）の手伝いをすると歓迎されるでしょう。

カウンセラーになったつもりで友達に指示や指導をしたり，もめごとの解決をしようと善悪をつけたりすると，かえって嫌われたりすることもあります。またプロのカウンセラーのように，面接室の中で訪ねてくる人（クライエント）を待つというのは，ピアヘルパーにはあまりなじみません。

日本教育カウンセラー協会初代会長
國分 康孝

改訂版まえがき

「ヘイ○○，音楽かけて！」「OK，○○○，電気消して！」

工場や研究所などで活躍していたロボット，人工知能（AI）が，いよいよ身近な社会生活や家庭生活にまで入ってきました。会話の相手をしてくれるロボットは心の癒やしにもなるし，介護もしてくれるなど，まさにロボットは私たちの生活必需品になっていくようです。

アメリカの未来学者レイ・カーツワイルが予測するように，シンギュラリティ（AIが人間を超える日）が，2045年に本当に来るかどうかは，まだ定かではありません。少子化が進む日本においては，ロボットの進出は救いの神のようにも見えます。

しかし，その反面，近い将来に今の仕事の約半分はAIに代替されるという衝撃的な論文が発表されています（『雇用の未来』オックスフォード大学マイケル・オズボーン2014)。オズボーン准教授によれば，ごく近い将来に今ある仕事の47%がなくなる可能性は，90%というのです。

さてそんな近未来，AIやロボットにより自動化されにくい職業は何でしょうか？　いえ，どの職業が残るかというよりも，AI時代に通用する人の力，スキルとは何なのでしょうか？

ピアヘルパーは，AI時代に求められる人材

オズボーンは，野村総合研究所によるインタビューに答えて，AIやロボットによる自動化がむずかしい能力として次の2つをあげています。

1　創造力（クリエイティビティ）

・抽象的な概念を整理・創出することや，自らの目的意識に沿って方向性や解を提示する能力，すなわち目の前の仕事がうまくいかない

とき，自分で工夫を繰り返して仕事を成し遂げる力です。

2　ソーシャル・インテリジェンス（社会的知性）

・理解・説得・交渉といった高度なコミュニケーションをする

・自分と異なる他者とコラボレーションできる能力

つまり，相手の話をしっかり受け止めながら，自分の考えもきちんと伝えるようなコミュニケーションや協調性などの能力です。

人として大切にしたい力

このソーシャル・インテリジェンス＝コミュニケーション能力や協調性こそ，まさにピアヘルパーが身につけようとする力です。人として大切にしたい力なのです。本書の第１章で学んだカウンセリング概論を基に，日常の学生生活の中でカウンセリングスキル（第２章）を使ってみてください。みなさんの青年期の課題（第３章）を解くのに役立ってきます。

自分の気持ちを聞いてもらう気持ちよさ，相手の気持ちを聞いてあげる気持ちよさを感じ，友達関係がよくなっていくことを実感できるはずです。さらに同じスキルを家族に使ってみると，今までとは違った新しい関係が生まれる可能性があります。

ピアヘルパーの学びは，カウンセリングの理論とスキルを身につけることです。これを実践することは，みなさんが自分らしさを大切にしながら，よりよく生きる土台となり，みなさんの現在の学生生活を充実させます。そのうえで，AI 時代にみなさんが社会を生き抜く力の土台にもなるのです。ピアヘルパーは，教師や保育士などの教育や福祉の分野に留まらず，公務員を含め，広く人を相手にするあらゆる職種において役に立つ知恵とスキルを身につけます。

日本教育カウンセラー協会理事（ピアヘルパー担当）　藤川 章

第1章 カウンセリング概論

第2章 カウンセリングスキル

第3章 青年期の課題とピアヘルパーの留意点

第1章
カウンセリング
概論

1

導入
構成的グループエンカウンター

ピアヘルピングのテキストの冒頭が，なぜ構成的グループエンカウンターなのか。まずそこから話を始めます。

ピアヘルパーは「旅の道づれ」ですから，一緒にいて気の張らない人柄でないと相手はくつろげません。気の張らない人とは，ざっくばらんで誠実で人の気持ちを察してくれる人のことです。そういう人になろうと志す人が集まって来るのが，エンカウンターグループです。酒を飲まなくても酒に酔ったときのように，ざっくばらんに正直に思いのままを語り合おうという人間関係のことです。

お互いに自由に語り合う方法は2つあります。ひとつはフリートーキング方式です。トピックを決めず，時間の制限もなく，話したければ話すし，話したくなければずっと話さなくてもよいという方式です。

もうひとつはエクササイズ方式です。「いまから4人1組になって，1人につき1分ずつ自分の人生をふりかえって『忘れえぬ人』を語ってください」といったぐあいに課題を出す方式です。全員が何かひとことぐらいは話す方式です。この課題は戸外でするもの，言葉を使わないでするもの，握手のように若干の身体接触を伴うもの，数分ですむ簡単なもの，30分以上かかるものなど多様です。

さて，この課題のことをエクササイズといい，エクササイズをしたあとで感想を述べ合うことをシェアリングといいます。そして，エクササイズとシェアリングの２つをメインディッシュにした方式を，「構成的グループエンカウンター：Structured Group Encounter（SGE）」といいます。エンカウンターとは，「ホンネとホンネの交流（ふれあい）」という意味です。

1　エンカウンターのねらい

⑴　ふれあい体験

では，なぜ「ふれあい」そして「エンカウンター」なのでしょうか。

それは「ふれあいあるところに悩みなし」だからです。「ふれあいあるところに成長あり」だからです。孤独（居場所がない，感情交流の対象がない）は，人を弱くして内にこもらせます（もんもんとする）。あるいは，外に打って出させます（攻撃的，非行的，やぶれかぶれになる）。その反対に，ふれあいは幸福な人生の源泉です。

いまの時代は人口移動が激しく，テクノロジー（科学技術）が発達しているので，人と人とが直接にふれあう機会が少なくなりました。そこで，ふれあいの回復の方法としてSGEが登場したのです。したがって，ピアヘルパーは現代を人間味あふれる社会にする強い味方ともいえます。

⑵　自他理解

ふれあいによって得られるものがもう１つあります。それはホンネを語ることによって，いままで気づかなかった自分自身に気づくこと，そして，人のホンネにふれることによって，相手のことも深くわかるようになるということです。

以上を要約するとSGEのおもなねらいは，⑴ふれあい体験と，⑵自他理解の２つです。

それでは，SGEの何がこの２つを促進しているのでしょうか。

2 基礎的なエクササイズ

SGEにおいてふれあいと自他理解を促進するのは，「エクササイズ」と「シェアリング」です。ピアヘルパーが，仲間うちで簡単なSGEが行えるように，基礎的なエクササイズを次に紹介します。

⑴ フリーウオーク

全員で黙って室内を自由に歩き回ります。めったにしないことですから，奇妙だなあ，照れくさいなあ，面白いなあ，とさまざまの感情がわいてくるでしょう。口に出さなくても，お互いにそういう感情の交流を体感しながら歩き回ります。

⑵ 握手

フリーウオークを1分ほどしたら，近くの人と「○○学科の△△です」と言いながら握手をします。これを1分ほどいろいろな人としてから，今度は「○○の好きな△△です」と言いながら握手します。例えば，「結論からさきに言う人間が好きな△△です」「三度のメシの次にサッカーの好きな△△です」「川端康成が好きな△△です」といったぐあいです。

⑶ トラストウオーク

見知らぬ者同士（あまり親しくない者同士）で2人1組になり，ジャンケンで勝ったほうが負けたほうの介添人になって室内を歩き回ります。ただし，負けたほうは目を閉じます。「任せる／任せられる」「甘える／甘えさせる」「ケアする／ケアされる」といった関係を，1分ずつ体験するわけです。ボディコンタクトを用いたリレーションづくりがねらいです。

⑷ Q＆A

トラストウオークのペアが，そのまま向き合って座ります。ペアのうちの1人が他方に質問をします。あとで自分のパートナーを仲間に紹介するための取材面接です。聞かれた側は聞かれたことだけ答えます。「きょうだいは？」と聞かれたら，「います（いません）」とだけ答えます。「何人ですか？」と聞かれたら，「○○人です」と答えます。答えたくなければ「パス！」と言えばよいのです。時間は１人３分くらいで，交代で２人が行いますから６分くらいですむエクササイズです。

⑸　他者紹介

さきほどの２人１組が２つ合流して，４人１組になり，それぞれが自分のパートナーを，ほかの２人のニューフェイスに紹介します。１人１分ずつですから，４分で完了するエクササイズです。自分のことをよく覚えていてくれたといううれしさは，紹介してくれたパートナーへの好感のもとになります。つまりリレーションづくりになるのです。

⑹　将来の願望

４人１組のまま，１人１分ずつ「これからの人生で，自分がしたいと思っていることを思いつくままに列挙する」というエクササイズに入ります。「もっとやせたい」「１人暮らしをしたい」「いい上司にめぐり会いたい」「登山するひまがほしい」……といったぐあいです。このように優しい自己開示を続けていくと，お互いに気心が知れてきます。

⑺　忘れえぬ人物または事柄

これはもう少しつっこんだ自己開示です。「自分の過去をふりかえり，自分に影響を与えた人物，または出来事を１分間で話す」というエクササイズです。このエクササイズでは，初めにリーダー（全体の進行役）が自分のことを素材にしてデモンストレーション（見本を示す）します。これには，「１分もあればこのくらい話せますよ」という意味と，「リーダーとメンバーのリレーションづくり」という２つの意味があります。

⑻　バースディーライン

４人１組を２つ合流させ，８人１組になります。そして誕生日の順に座り直します。これは非言語的エクササイズですので，声を出さない約束をします。約1分で完了します。

⑼ 私は人と違います

8人1組で，時計回りの順で行います。1人ずつ，「私は人と違います。なぜならば～だからです」「私は人と違います。なぜならば6回転校したからです」といったぐあいに文章を完成させていきます。

⑽ 新聞紙の使い方

これも非言語的エクササイズです。8人1組で，時間は7分ほどで行います。メンバーはどんなことでもいいので新聞紙の使い道を考えて，ジェスチャーで班長に伝えます。そしてグループごとにアイデアの数を競い合います。ただし，このエクササイズのねらいは「勝ち負け」ではなく，リレーションづくりと自他発見です。

以上が基礎的なエクササイズの例ですが，ほかにもたくさんあります。図書文化社刊『構成的グループエンカウンター事典』『構成的グループエンカウンターの理論と方法』等を参照してください。

3 エンカウンター実施の留意点

SGEを実施するとき，体験するときに大事なことは，無理をしないことです。自己開示したくない人に無理に話させるとか，人が自己開示しているから自分も義理で自己開示せねばならないと思い込まないことです。人には表現の自由だけでなく，沈黙の自由もあるからです。

無理に自己開示させられた人は，土足で部屋に押しかけられたような不快感・嫌悪感をもちます。義理で自己開示した人は，あとで後悔します。ですから，自己開示したくない自分を許容することです。

SGEはけっして遊び感覚で実施しないこと，レクのつもりで参加しないことです。なぜならパーソナリティとパーソナリティのふれあいだからです。笑いの中にも「真摯さ」をもつものなのです。

column

エンカウンターの思想

構成的グループエンカウンター（SGE）は，１章１節で紹介したようなエクササイズ（課題）を次々とこなしていくので，レクリエーションによる「仲よしクラブ」という印象を与えがちです。

しかし，SGEにはある思想があります。それは「実存主義」の思想です。「親がなんと言おうと，教授がなんと言おうと，自分には自分の考えがある。自分の人生の主人公は自分である」。これが実存主義の思想です。

なぜこういう思想にピアヘルパーはふれたほうがよいのでしょうか。

いまの時代は，どこのだれともわからない人間とも仲よくしないと生きにくい時代なので，よほど注意しないと，如才（じょさい）なくふるまっているうちにほんとうの自分は何を考えているのか，何を感じているのかがわからなくなります。人に合わせすぎるからです。

そこで，SGEのエクササイズやシェアリングで自己開示を繰り返していると，そのうちにほんとうの自分に気づいてきます。これを自己発見といいます。自分の人生の主人公（ほんとうの自分）との出会いという意味です。「千万人といえども，吾往かん」という気概に満ちた自己発見，これが実存主義の旗印です。

SGEのリーダーをできるようになろうと志す人には，実存主義の旗印を掲げてほしいと思います。すなわち，「私はこう思う（思考）」「私はこう感じている（感情）」「私はこうしている（行動）」と，自分を打ち出す勇気をもっている人――これがSGEのリーダーを志すピアヘルパーのイメージです。

SGEのリーダーを志さない人にも，自分を打ち出す気概を内に秘めていてほしいと思います。「自分が自分の人生の主人公である」と宣言できる人間でないと，人の人生の道づれにはなれないからです。旅の道づれになるとは，人の依存の対象になるということです。自分を打ち出せない人，打ち出す自分をもたない人は，依存の対象にはなれないからです。

2

カウンセリングの定義と略史と必要性

ピアヘルピング（peer helping）の「ピア」とは，仲間，友達という意味です。ヘルピングというのは助け合いということです。それゆえ，ピアヘルピングとは，仲間同士で助けたり助けられたりする人間関係のことです。

例えば，心理学の授業を履修するとき，この先生は出欠に厳しいか，試験はむずかしいか，課題などもあるのかと気になります。そういうときに，その授業をとったことがある仲間に，「昨年はどうだったか？」と聞きたくなります。聞かれた人が親切に教えてくれるとき，それがピアヘルピングなのです。教授が仲間の教授に「ぼくのクラスは私語が多くて困っているのだが，きみはどうしているの？」と聞いて，その同僚が自分のクラスでの工夫を伝授している場面，これもピアヘルピングです。

いずれも面接料は不要です。ピアヘルピングをする側は，職業ではなくボランティアです。ここが有料で個人開業をしている，認定を受けたプロのカウンセラーとは違うところです。つまり，ピアヘルピングはカウンセリングの日常生活版，またはカウンセリングの大衆化運動といえます。

したがって，ピアヘルパーになるには，ある程度カウンセリングとはどんなものかを知っておく必要があります。プロのカウンセラーほどにテクニカルターム（専門用語）を覚える必要はありませんが，ピアヘルパーにも最低これだけは知っていてほしいという知識体系があります。それを概説するのが本節のねらいです。

本節ではふれたい項目が3つあります。カウンセリングの「1. 定義」「2. 略史」「3. 必要性」です。

1 カウンセリングの定義

カウンセリングとは，「言語的および非言語的コミュニケーションを通して行動の変容を試みる人間関係」のことです。この定義の中にキーワードが3つあります。それを解説します。

⑴ 行動の変容

これがカウンセリングの目的です。行動とは反応の仕方のことです。単位のことで教授に会いたいのに研究室のドアをノックできないという人が，仲間につき合ってもらって2人で教授に会いに行った場合，ノックをしない（回避する）反応がノックする反応に変容した，ということになります。

行動の変容とは，このように直接の行動を変えることのほかに，思考の変容（例．1人の異性にふられたからといって，すべての異性に嫌われたわけではないと考えが変わる），感情の変容（例．仲間との雑談が苦手だった人が仲間と談笑するのが好きになる）があります。

要するに，カウンセリングとは人の行動（action），思考（thinking），感情（feeling）のいずれかを変容・修正する援助方法ということです。

⑵ 言語的および非言語的コミュニケーション

これはカウンセリングの方法のことです。相手がこちらにコミュニケートしてくるとき，こちらは相手の話した言葉（言語的表現）のほかに，相手の表情，しぐさ，声の調子，服装，座り方など（非言語的表現）から相手の状況を読み取ります。そして，「〜というわけですね」「〜はどうなっていますか」「〜はしたことはありますか」「私は〜と思うのですが」など，自分のわかったこと，考えたこと，感じたことを相手に戻します。そのとき，こちらも言葉だけでなく非言語的表現を用いて相手にコミュニケートしています。

それゆえカウンセリングの実体は，言葉のやりとり（会話）と非言語のやりとり（動作）ということになります。

⑶ 人間関係

これはカウンセリングの特質です。ヘルプする側とされる側は，お互いに２つのルールを守っているということです。

１つは，正直にホンネを語り合うということです。上級生と下級生，年長者と年少者といった枠にしばられず，一人の人間として会話しようではないかというルールです。これをパーソナルリレーション（personal relation：私的感情交流）といいます。

もう１つは，ヘルプする役割とされる役割をはっきり自覚しようというルールです。これをソーシャルリレーション（social relation：社会的役割関係）といいます。ここがカウンセリングと社交会話の違うところです。

役割には責任が伴います。ピアヘルパーの役割にも守秘義務が生じます。できないことを安請け合いしてはならないという倫理もあります。いくら無料のボランティアといっても，人の人生に深くかかわるのですから，それなりの覚悟が必要です。またヘルピー（ヘルプしてもらう側）にも，自分の人生の主人公は自分であるという人任せにしない責任があります。

要するに，カウンセリングには枠を超えたホンネの交流と，枠に忠実にならねばならない部分と両方があります。この２つを共存させている人間関係，それがカウンセリングの特質です。

2 カウンセリングの略史

いまの日本では臨床心理学科をもつ大学はいくつもありますが，カウンセリング学科またはカウンセリング心理学科をもつ大学は少ないのが現状です。それは，臨床心理学とカウンセリングは，同じようなものだと思っている人が多いからです。なぜそう思う人が多いのでしょうか。それは，この２つの歴史（過去）が別々だという認識がとぼしいからです。

そこでカウンセリングの生い立ちの概略を知っておく必要があります。

カウンセリングの起こりは３つあります。①職業指導運動，②精神衛生運動，③心理測定運動の３つです。

職業指導運動は，フランク・パーソンズというアメリカ人がボストンで20世紀初頭に起こしました。やがてそれが全米職業指導協会に発展し，さらにそれが母体になってアメリカ・カウンセリング学会が誕生しました。このプロセスに吸収されていったのが，精神衛生運動と心理測定運動です。

次に，カウンセリング誕生の各論として，「スクールカウンセリング」と「カウンセリング心理学」が生まれました。

アメリカの学校にはガイダンス（日本語では生徒指導とか生活指導と訳されています）がありますが，その担当者をガイダンスワーカーといっていました。それがやがてスクールカウンセラーという呼び方に変わりました。スクールカウンセラーは治療者（セラピスト）ではなく教師のひとりです。アメリカではスクールカウンセラーを「certified professional educator（認定された教育の専門家）」と定義し，学校臨床心理士とか学校心理療法家とはいいません。

いっぽうカウンセリング心理学は，アメリカ心理学会の中の「ガイダンス・カウンセリング部会」が，1955年以降，カウンセリング心理学と改称されたのが起こりです。それ以来，大学院でカウンセリング心理学専攻が誕生し始めました。したがって，カウンセラーやカウンセリング心理学者は，「私は心理療法家である」「私は臨床心理学者である」といったプロフェッショナル・アイデンティティ（職業上，学問上の自覚）をもたないのが普通です。

ではなぜ臨床心理学者や心理療法家のほかに，カウンセリング心理学者やカウンセラーが必要なのでしょうか。

3 カウンセリングの必要性

「カウンセリング」は，人の成長を援助するものです。いっぽう心の病気を治療するのは「心理療法」の分野です。つまりカウンセリングは，教養・学歴・年齢を問わず，だれもが人生で遭遇する問題（例．自立，就職，育児，生きがい，友人・異性関係，職場の人間関係，親子・夫婦関係）に建設的に対処しながら成長することを援助するものです。

したがって，時代や文化が変わると，これらの問題そのものが変質します。また，それに合った対処策も修正・開発しなければならなくなります。例えば，アメリカでは，ベトナム戦争（1955-1975）のあとに復員兵の就職が社会問題になったので，多くのカウンセラーを必要としました。また，宇宙衛星の打ち上げがライバルのソ連（当時）に後れをとったので，能力開発・進路指導を強化するため教育界ではカウンセラーを必要としました。日本では，いじめ，不登校，学級崩壊，中高年の再就職が社会問題になったので，カウンセラーへの関心が高まりました。

では，このようにカウンセラーを必要とする社会とは一般的にどういう特徴をもっているのでしょうか。次の４つがあげられると思います。

⑴　人口移動

社会が都市化すると，人口移動が激しくなります。家族や地域とのつながりが希薄になり，慢性の孤独感・孤立感に悩まされる人が増えてきます。また，身近に相談相手がいないという不安も生じやすくなります。これに対応するカウンセリングが求められるわけです。

⑵　テクノロジー

IT 革命を代表とするテクノロジーの発達は，人と人が直接コンタクトしなくても生きられる時代をつくりました。便利さと引き換えに，人づきあいの苦手な子ども，親，教師，会社員が増えてきました。そこで「グループワーク」「～を支える会」「対人関係スキルの教育」といった1対1の会話方式以外の新しいカウンセリングが必要とされ始めました。

⑶ 自己疎外

人づきあいが表面的になってくると，ホンネが表現できないので，いつの間にか自分でも自分のホンネ（例．何をしたいのか，何を言いたいのか，何を感じているのか）がわからなくなります。卒業してから何をしてよいかわからないという訴えもその例です。このような状態を自己疎外といいます。このような社会ではホンネを語り会える場（例．カウンセリング，エンカウンター，仲間同士の雑談の場）が求められるようになります。

⑷ 選択の迷い

いまの時代は，進路でも思想でも恋愛でも「よりどり，みどり」の時代です。それゆえ，どれを選ぼうかと迷う人がかえって少なくありません。卒論や修論のテーマが定められなくて，二転三転する人の心理です。こうなると，だれかに相談にのってほしくなります。そこに登場するのがカウンセリングです。

以上を要約すれば，カウンセリングとは「人生の発達課題を解きつつ成長していくのを援助する人間関係」のことです。これは心理療法とは別の歴史的な流れのもので，予防・開発的色彩の強い援助法です。こういう援助的サービス活動がいまの時代には求められています。

テスト問題

問 次の文章の中から適切なものを１つ選びなさい。

1 カウンセリングの母体の１つは職業指導である。
2 カウンセリングとは心理療法のことである。
3 ピアヘルパーは心理診断がおもな仕事である。
4 ピアヘルピングは心理療法家でないとしてはならない援助法である。

解答欄

【問題解説】

1 カウンセリングの生い立ちは3つあり，その１つは，職業適性に対する悩みをもつ人々への対応から職業指導に発展したと言われています（P21）。よってこの文は適切（正解）です。

2 心理療法とは，特定の訓練を積んだ専門家（医師や医師の指示をうけた公認心理師など）によって行われる治療のことを示します。カウンセリングは「人生の発達課題を解きつつ成長していくのを援助する」ものですから，専門性が違います。よって適切ではありません。

3 心理診断とは，症状から治療を目的に，心の診断を「医師」がするものです。よって適切ではありません。

4 ピアヘルピングとは，仲間同士で助けたり助けられたりする人間関係です（P18）。心理療法家でないとしてはならない援助法ではありません。よって適切ではありません。

〈解答〉 1

3 カウンセリングの種類

カウンセリングを行う人のことを，カウンセラーといいます。ピアヘルパーもカウンセラーであるという人もいますが，日本教育カウンセラー協会は，ピアヘルパーとカウンセラーを識別する立場をとっています。欧米の方式を取り入れたからです。カウンセラーほどの責任を負わない，技法も基礎的レベルにとどまっている，扱う問題も日常的なものに限られている，料金はとらない，といったところに違いがあるからです。それゆえ，ピアヘルパーの方々は，「カウンセラー心得」「カウンセリング入門」のつもりで，本節を読んでください。

本節は，カウンセリングにはどのくらいの広がりがあるかを概説するのがねらいです。その広がりを,「1．目的別」「2．対象別」「3．方法別」「4．トピック別」「5．領域別」「6．理論別」の6つの観点から説明しましょう。

1 目的別

カウンセリングの目的は「行動の変容」であると1章2節で述べましたが，この目的を細分化すると次の4つになります。

(1) クリニカル・カウンセリング

心理療法的なカウンセリング。摂食障害(例．思春期やせ症，過食)，薬物依存，極度の不安，発達障害に起因する課題などへの治療的カウンセリング。

⑵　問題解決的カウンセリング

いじめ，不登校，暴力，家出，親子不和，夫婦不和など，発達課題の解決不全に起因する問題へのカウンセリング。

⑶　予防的カウンセリング

性教育（性被害の予防），金隔教育（消費者トラブルの予防），留学生ガイダンス（異文化ギャップの予防）など，「転ばぬ先の杖」としてのカウンセリング。

⑷　開発的カウンセリング

グループエンカウンター，キャリアガイダンス，サイコエジュケーション（例．ソーシャルスキル教育，人権教育）など，思考・行動・感情の教育をめざすカウンセリング。

2　対象別

カウンセリングを受けに来る人をクライエントといいますが，今日では1対1の個別面接だけがカウンセリングではなくなりました。カウンセリングの対象は5つあります。

⑴　**個人**（個別カウンセリング）

⑵　**集団**（グループカウンセリング，グループエンカウンター，グループガイダンス，グループワーク，サポートグループ，セルフヘルプグループなど）

⑶　**家族**（家族カウンセリング）

⑷　**組織**（組織の開発や問題解決のためのカウンセリング）

⑸　**地域**（コミュニティカウンセリング）

3 方法別

カウンセリングの対象と同様に，カウンセリングの方法も，1対1の面接のほかに，いまはもう少し多様化しています。カウンセリングは予防・開発的色彩が強いので，次のような方法が工夫され始めたのです。

また，近年はオンラインを利用した方法も多く導入されています。電話による相談やSNSを利用した相談の方式も増えています。

(1) **直接相談方式**（例．個別面接，家族面接）

(2) **授業・ワークショップ方式**（例．各種スキル訓練）

(3) **メディア方式**（例．動画，スライド，テキストなどを用いた通信教育や自主学習）

4 トピック別

どういう問題を扱うかによってカウンセリングの分野が広がります。病院に耳鼻科，歯科，眼科，皮膚科などがあるようなものです。

(1) **結婚カウンセリング**（配偶者の選択，結婚への適応など）

(2) **キャリアカウンセリング**（進学，就職など，進路の相談）

(3) **スポーツカウンセリング**（スポーツ選手のストレス，業績不振など）

(4) **ヘルスカウンセリング**（健康・保健上のストレスや心配ごと）

(5) **牧会カウンセリング**（信仰上の悩み）

(6) **矯正カウンセリング**（非行者へのカウンセリング）

(7) **育児カウンセリング**（子育ての悩み）

(8) **学業カウンセリング**（例．学習意欲がわかない，学業不振など）

(9) **心理カウンセリング**（例．性格上の悩み，人間関係の悩みなど）

5 領域別

キャリアとか人間関係とかのトピックは学校でも企業でも共通して扱いますが，領域（カウンセリングを行う場所）によってそれを包括する名称が違ってきます。

⑴ 学校

スクールカウンセリング，学校カウンセリング，教育カウンセリングなどいくつかの呼び方があります。

⑵ 企業

会社でも官庁でも，いわゆる従業員のメンタルヘルスを扱うのが産業カウンセリングです。

⑶ 医療

医療機関で行うものを医療カウンセリングといいます。患者に寄り添うカウンセリングのニーズが高まっています。

⑷ 福祉

老人施設，児童施設，障害者施設など，社会福祉施設で行うものを福祉カウンセリングといいます。家庭を訪問して相談を行うアウトリーチ型も増えています。

6 理論別

ピアヘルパーの場合は各理論を1つずつマスターすることが必須条件ではありませんが，以下のような理論がカウンセリングを支えていることは知ってほしいと思います。これら複数の理論を各カウンセラーが自分なりに統合して実践するのが今日の一般的傾向です。

このような特定理論に偏らない統合的立場を折衷主義（eclecticism）といいます。日本教育カウンセラー協会は折衷主義の立場をとっています。

⑴ **精神分析理論**：精神分析的カウンセリング。

⑵ **自己理論**：来談者中心カウンセリング。

⑶ **行動理論**：行動カウンセリング。

⑷ **特性・因子理論**：心理テストを用いるカウンセリング。特に「○○カウンセリング」という呼び方はありません。

⑸ **実存主義的理論**：実存分析が代表例ですが，ほかにもいくつかの呼び方があります。

⑹ **論理療法理論**：論理療法（REBT）。

⑺ **ゲシュタルト療法理論**：ゲシュタルト療法（ゲシュタルトセラピー）。

⑻ **交流分析理論**：交流分析（交流分析を用いたカウンセリングと言われています）。

⑼ **現実療法理論**（別称，選択理論）：現実療法。

⑽ **内観療法理論**：内観療法（内観カウンセリングという呼び方はまだ一般的ではありません）。

やがてプロフェッショナルカウンセラーをめざそうと考えている人には，上記の諸理論になじんでおくことをすすめます。

このほか，マインドフルネスなどの新しい認知行動療法，家族療法やブリーフセラピーなどのシステム論，アドラー心理学などの自己成長論，芸術療法などにふれておくと，ピアヘルピングの助けになるでしょう。

テスト問題

問 次の文章の中から不適切なものを１つ選びなさい。

1　精神分析的カウンセリングは，人の無意識を明らかにして問題を解決する方法である。

2　行動カウンセリングは，「生きる意味」を発見して行動変容を試みる方法である。

3　ロジャーズの来談者中心カウンセリングは，人には成長への意欲が内在しているという人間観に立っている。

4　特定の理論や立場に固執しない方法を折衷主義という。

解答欄	

【問題解説】

1　精神分析的カウンセリングは，無意識を明らかにして問題を解決する方法です（ワークブック P25）。よって適切です。

2　「生きる意味」「生きる実感がない」は実存主義のフランクルの立場です（ワークブック P29）。よって不適切（正解）です。

3　ロジャーズの来談者中心カウンセリング（自己理論）の，人には成長への意欲が内在しているという人間観に立っている（ワークブック P24）は，適切です。

4　特定の理論や立場に固執しない方法を折衷主義という（ワークブック P29 理解のポイント）は適切です。

〈解答〉　**2**

ピアヘルピングの関係領域

ピアヘルピングとは,「旅の道づれ」になることだと言いましたが,この道づれはカウンセリングの基礎知識をもった道づれです。それゆえ,基礎知識以上の知識をもっている学生(臨床心理学,カウンセリング心理学などの専攻生)は,ついうっかり自分はプロのカウンセラーであると思い込む危険性があります。

そこで自分は「旅の道づれである」と自覚するために,ピアヘルパーと関係領域との違いを知っておく必要があります。それが本節のねらいです。関係領域として,「1. カウンセリング」「2. 教育」「3. 心理療法」「4. 人事・労務管理」「5. キャンパスポリス」の5つをみていきます。

1 カウンセリング

カウンセリングとピアヘルピングとは,学習領域が違います。カウンセリングを学ぶことは,次の領域になじむことです。

⑴ **カウンセリング諸理論**(精神分析理論,自己理論,行動理論,特性・因子理論,実存主義的理論,論理療法理論,ゲシュタルト療法理論,交流分析理論,現実療法理論,内観法理論)。

⑵ **カウンセリング技法**(個別指導の技法と集団指導の技法)。

⑶ **キャリアカウンセリングの諸理論と方法**

⑷ **心理テストの原理と種類と用い方**

⑸ 社会・文化的観点

⑹ 哲学（教育哲学，社会哲学，科学哲学）

⑺ 研究法（データの集め方，処理法など）

ピアヘルピングの学習は，これほどには細分化されてはいません。これらカウンセリングの知識と技法の中で，日常生活に使えるプラクティカル（実用的）な部分を学習した人がピアヘルパーなのです。

教育とカウンセリングの両方になじみのある分野に「教育カウンセリング」があります。教育を専業とする人が教育に使えるカウンセリングを学習した場合，それが教育カウンセラーです。この人たちは，①学級経営，②進路指導，③サイコエジュケーション，④グループワーク（生徒会，運動会など），⑤対話のある授業，⑥個別指導の6領域で，カウンセリングを駆使展開しています。ピアヘルパーには，これら6領域での職業経験はありません。

ピアヘルパーの領域は日常生活です。したがって，ピアヘルピングはカウンセリングの「日常化」「大衆化」「生活化」運動ということになります。

2 教育

教育とは社会化（socialization）のことです。現実原則を学習することです。それゆえ，「遅刻するな」「あいさつをしなさい」といったぐあいに，禁止・命令することも必要です。教師には生徒を社会化する義務（責任）があるのです。

ところがピアヘルパーは教師ではありません。相手は生徒ではないのです。つまり，旅の道づれには，禁止・命令の責任も権限もありません。もしヘルパーが禁止・命令しようとしたら，「うるさいなあ」「面倒くさい人だな」ということになるでしょう。ただし，仲間同士でも，サークル活動や部活などでは，上級生は下級生の指導をする役割がありますので，ピアヘルパーは教師に近い機能を果たすことになります。その場合も，原則としてピアヘルパーは「偉そうにしないこと」が結論です。

3 心理療法

心理療法とは，心理的な症状を抱えた人への援助法です。赤面恐怖とか狭所恐怖（例．エレベーターにのれない）を治すわけですから，いくつもの専門的技法を必要とします。夢分析，箱庭療法，催眠療法，系統的脱感作法，強化法，メンタルリハーサル法，モデリング法などを用います。

ピアヘルピングでは，面接室の中で用いる専門的技法を学ぶのではなく，日常の生活場面でだれでも使える技法（話の仕方，手伝い方）を学びます。患者のケアではなく，仲間同士のヨコの付き合い・ふれあい，それこそがピアヘルピングなのです。

ところでピアヘルパーと心理療法家との違いを再確認するために，心理療法家（サイコセラピスト）には，どういう教育が必要なのかを概説しておきます。おもな柱が４つあります。

⑴ **精神病理学**（精神疾患の種類，特徴，原因などに関する知識体系）。

⑵ **神経心理学**（心理現象は生い立ちだけで起こる決まるものではありません。生物学的説明も必要です）。

⑶ **アセスメント**（心理テストや観察法を用いてクライエントの心的状況を読み取る方法。医学でいう診断に相当）。

⑷ **心理療法**（病理的心理に対する治療的対応法のことで，夢分析や催眠療法など）。

ピアヘルパーは心理療法家ではありませんから，上記の知識体系を必要とはしません。しかし，こういう知識体系があることは知っておいてください。このような領域に出すぎた言動をして，仲間に心的外傷を与えないですむからです。「自分は何を知っていて，何を知らないか」を理解しておくことです。

日本教育カウンセラー協会は，心理療法とカウンセリングを識別する立場をとっています。

4 人事・労務管理

企業でも，人材育成とかキャリア開発などに，カウンセリングの発想と技法を導入する時代です。それゆえ，この分野にもピアヘルパーの知識と態度を役立てることができるでしょう。

しかし，限界があることを知っておくほうがよいと思います。企業では「組織の目標達成のために」という枠があります。ピアヘルピングの目的は「個人の目標達成のため」ですから，そっくりそのまま企業の中で展開できるとはかぎりません。組織の枠について知っておく必要があります。

おもな枠が2つあります。それらは組織論（個を育てる組織の構造と運営の仕方）と労働関係法令（例．労働基準法，男女雇用機会均等法，育児介護休業法，労働安全衛生法，労働災害補償法，労働組合法，雇用契約など）です。これらはピアヘルパーの教育に入っていません。企業内で,「旅の道づれ」を志す人は，ぜひ勉強しておいてください。

将来，ピアヘルピングから産業カウンセリングに転身したいと思っている人は，日本産業カウンセラー協会の認定する「産業カウンセラー」をめざすのも勉学の励みになると思います。

ピアヘルパーは産業カウンセラーではないという意味は，ピアヘルパーはカウンセラーという役割や企業の枠にしばられず，お互いに一人の人間として助けられたり，助けたりの関係をもとうではないかという思想に支えられているということです。これは，ピアヘルパーは人間味があり，原動力があるということを意味します。

5 キャンパスポリス

ピアヘルパーが大学の風紀委員（生活委員）のように，ルールを守らない仲間をさばく立場にならないようにとの思いから，この小項目を立てました。正義感の強い青年，義憤に燃える学生が，仲間をとがめたために事態を悪化させることがありうると思うのです。ピアヘルパーは国家から非行取り締まりの権限を付与されているわけではないので，自分の行動の限界を知り，その限界を超えたところはほかの担当者に連絡することです。

大学の自治という観点から，学内の問題にポリスの援助を求めることを恥じる風潮がありましたが，いまは状況が変わってきたように思われます。チーム支援といって，学校内外の関係者が知恵を出し合って役割分担して一枚岩で事にあたろうという時代です。それゆえ，トラブルや事故にポリスの援助を得ることに罪障感をもつ必要はありません。

いじめや脅迫にあって自殺するのは，小中学生だけではありません。立派な大人でも耐えられないことがあるのです。人生の問題のすべてが，心理学やカウンセリングで解けるわけではありません。

ピアヘルパーは仲間に対して直接的に関与する場合と，間接的関与にとどめたほうがよい場合とを識別することです。

テスト問題

問　次の文章の中から不適切なものを１つ選びなさい。

1　口下手な人間はピアヘルパーには向かない。

2　人の話を聞けるピアヘルパーになるためには，自分の経験をふやしたほうがよい。

3　ピアヘルパーは言語的なリレーションづくりを心がけなければならない。

4　ピアヘルパーには人の言動の背後にある感情をつかむ能力が必要である。

解答欄	

【問題解説】

1　口下手でも熱心に相談を聞いてくれて，誠意ある対応をしてくれる人には相談したくなるものです。よって，ピアヘルパーに向かないというのは不適切（正解）です。

2　いろいろな経験を積んでいるほうが，相手の気持ちをより理解できるようになります。例えば,お金の苦労をした人でないと,お金のない人のちょっとした苦しみを理解するのはむずかしいかもしれません。よってこの内容は適切です。

3・4　「自分の気持ちがわかってもらえた」という感覚は，たしかにうれしいものです。味方がいるという感覚は,「言葉のやりとり」と「行動」の２つを通して伝わってきます。ピアヘルパーは言語的スキルと非言語的スキル（第２章参照）を駆使して，相手とリレーションをつくることが大切です。また，問題解決のためには，相手の言動の背後にある感情をつかむことが大切です。よって３と４の内容は適切です。

〈解答〉　**1**

5 ピアヘルピングのプロセス

ピアヘルパーはプロフェッショナルカウンセラーと違い，部屋の中で1回50分の面接を週1回ずつ重ねていくことはほとんどしません。ピアヘルパーが行うのは，キャンパスの芝生の上での会話とか，深夜の電話での会話とか，無料家庭教師ふうの援助（チュータリング）や情報提供など，日常生活で学生がしているようなことです。

こうしたことは普通の学生と変わりませんが，社交ではなくヘルピングですので，心の中の気構えが違います。純粋の社交なら楽しめばすむことです。ヘルピングは楽しいかどうかではなく，相手にとって役に立っているか（useful な人間関係になっているか）を自問自答しなければなりません。ですから気が張ります。しかし，気が張る（ストレスフル）からこそ，意識して自分の言動を選ぶのです。

1 リレーションづくり

では，まず何を意識するのか。それは，付き合い・ふれあいの流れを意識することです。相手とあまり親しくないときに，親しそうに声かけをしたり握手を求めたりすると「馴れ馴れしくされた」と嫌われることがあります。「いきなりアパートに押しかけられた」と誤解されることもあります。

付き合いがどのくらい進んだかを表す目安を心理的距離といいます。心理的距離が徐々に縮まるように，他者相手との間に防衛のない関係（リレーション）を築いていきます。

これを読み取るツボがいくつかあります。次にあげます。

① こちらの伝えたことを相手がよく覚えているでしょうか。人の意見を心にとめず聞き流すようなら，自分はまだ信頼されていない，リレーションはついていないと思ったほうがいいでしょう。

② 少し聞いただけでたくさん話してくれるでしょうか。「きょうだいは？」と聞いて，「いません」と答えられるよりも，「3人ですが，上の2人は結婚しているので私はひとりっ子のようなものです」と詳しく答えてくれるほうがリレーションはついていると判断できます。

③ 涙を見せるとかスマイルするなど，感情表出があるでしょうか。無表情で他人ごとのように淡々と語る人は，だいたい構えの強い人です。こちらに心を許していないと考えられます。

④ かなりプライベートな事柄を語っているでしょうか。こういうことが世間にわかったら，この人は社会的信頼を失うのではないかというような事柄を語るというのは，よほどそのピアヘルパーを信用しているからです。リレーションは最高であると判断できます。

⑤ 日時の約束を守っているでしょうか。時間に遅れるとか面談をすっぽかすとかが多いのは，リレーションがまだできていないといえます。

以上のチェックポイントで，ヘルピーとの関係を観察しながら，お互いに快適な距離を保つことです。いつまでたってもお互いに「路人（通りすがりの人）」でリレーションが深まらないようでしたら，次のような技法を用いるとよいでしょう。

(1) 質問技法

「いつごろから？」「そのことをだれかに相談したことは？」と相手に質問することは，「私はそれほどあなたに関心があるのです」と伝える方法です。ヘルピーにすれば，この人生で1人でも自分に関心をもってくれる味方がいると感じ取ります。これが生への意欲を高めるのです。

⑵ 受容

相手の身になって話を聞くことです。例えば文化人類学者の心境になることです。ネイティブ・アメリアン（先住民族）と会話をするとき，アメリカの文化人類学者はアメリカ人の価値観で評価せず，かれらになりきって話を聞きます。ヘルピーにすれば，人生で1人でも自分の気持ちを聞いてくれる人がいるということが，生きる力のもとになるのです。

⑶ 繰り返し

これは，ヘルピーの語った話を整理して言って返すことです。「～というわけですね」と返すと，ヘルピーは「自分のことをわかってもらえた」と感じるので，理解者であるヘルパーとの間にリレーションが生じます。

繰り返しには，「事実の繰り返し」（例．「留年したのですね」），「感情の繰り返し」（例．「留年して落ち込んでいるのですね」），「思考の繰り返し」（例．「留年したから人生の失敗者であると思っているのですね」），などがあります。こういう技法はロールプレイを用いて身につけることです。このロールプレイについては，2章7節でふれます。

⑷ 支持

ヘルピーの言動に賛意を表明することです。つまり自己開示をすることになります。「私もそうでしたよ」「だれでもそうですよ」「それだけできたら上出来ですよ」「大変でしたね」「よくがんばりましたね」といった言葉を返すことです。ヘルピーにすれば，強い味方を得た思いになりますから，ヘルパーとの間にリレーションが生じます。

ただし大事なことは，お世辞や社交辞令で支持しないことです。心から支持できないときは，「なるほどねえ」とか，「そんなこともあるでしょうね」という程度にとどめておくほうが誠実です。

さてリレーションが成立しただけで，ヘルピーに元気が出てくる場合が少なくありません。プロのカウンセリングでは，それだけをねらいとした「リレーション療法」という名称が歓迎された時代もあります。しかし，リレーションがあるだけではどうしようもないことがあります。何が問題かをつかまなければ，対処法が考えられないことがあります。

このような場合は，ヘルピングのプロセスを「リレーションづくり→問題の把握」と進めることになります。

2 問題の把握

問題をつかむには，会話しながら「5W1H」を探索することです。

who （例）困っているのはこの人なのか，それともこの人の妹なのか，誰が困っているのかをつかむ。

what （例）何に困っているのかを明らかにする。妹さんが大学に行けないことなのか，いじめられているのかをつかむ。

when （例）この大学に入ってからいじめられ始めたのか，いつからなのかをつかむ。

why （例）同じ境遇でも平気な人もいるのに，なぜこの人はパニックを起こしているのかをつかむ。

where （例）友達がいないというが，どこにいないのか，この大学なのか，アルバイト先なのかをつかむ。

how （例）大学をやめたいほどに落ち込んでいるのか，どのようにすれば元気が回復するのかをつかむ。

このように，リレーションをつくるときも，問題をつかむときも，ピアヘルパーに必要なのは感受性です。察しのよいことです。鈍感な人（お人好し，わがままな人に多い）は，普段から察しのよい人間になる工夫をすることです。

さて，問題がはっきりしてきただけで，ヘルピーが喜んでくれることが少なくありません。「目からうろこが……」という表現がそれです。自分の苦悩の実態がわかっただけで（例．人のせいではない。自分の考え方の問題である），あとは自分で対応できる人が少なくありません。

しかし，ヘルピー自身ではどうにもならない場合には，「問題の把握→問題の解決」へと進めます。

3 問題の解決

ヘルピーが自力ではなんともできない場合には，ヘルパーは次のような対応策を講じることです。

⑴ リファー

教授，学生課職員，ハラスメント委員，学生相談室（プロカウンセラー），内観研修所，医師，弁護士，警察など，ほかに援助を依頼する方法。

⑵ ケースワーク

教授との面談に付き添う，アパート探しを手伝う，アルバイトを紹介するなど，具体的に労力をサービスすること。

⑶ コンサルテーション

知恵を授ける（アドバイス）方法。ただし「私に任せろ」とか，「私の言うとおりにすれば間違いない」と断定したり，いやがることを無理に押しつけないことです。「～しろよ」と言わず，「～する気はないか」となるべく相手が拒否しやすいような言い方がよいでしょう。

⑷ ピアスーパービジョン

具体的にハウツーを教える方法。レポートの書き方，デートの仕方，頼まれたときの断り方などを，自分がやってみせるとか，体験を語るとかして教えることです。指図するスーパービジョンでなく，自己開示によるスーパービジョンです。

⑸　具申

問題の原因が大学の運営の仕方に関係あるのではないか，などと思われるときに組織の長に意見を申し立てる方法です。親しい教授とか学生相談室，大学の事務局長や学長秘書など，自分が最もアプローチしやすいところに意見や事情を詳しく述べることです。

⑹　個別カウンセリング方式のヘルピング

ヘルピーの抱えている問題が，環境を変えたり，スキルを身につけるのを手伝うことでは，解けない場合があります。例えば，親を失った悲しみは，何回も何回も相手の話を聞いて，内界にふれる必要があります。こういうときは，個別的な対話が必要です。

以上を要約すると，ピアヘルピングには３つの段階があるということです。「リレーションづくり→問題の把握→問題の解決」です。これを図示したものがコーヒーカップ方式です。真ん中がＵ字型になっているのは，問題を把握するために意識レベルから潜在意識レベルまで下がるという意味です。

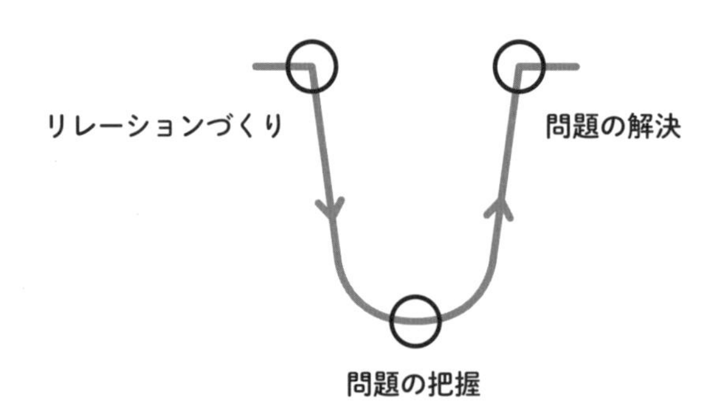

コーヒーカップ方式

テスト問題

問　次の文章の中から適切なものを１つ選びなさい。

1　リレーションで心はいやされる。コンサルテーションやケースワークなど，なんらかの能動的な解決法は不必要である。

2　5W1H を探索するのは，プロのカウンセラーのすることである。ピアヘルパーはひたすら傾聴するだけでよい。

3　虐待・被虐待，脅迫・被脅迫の可能性を感じとっても，ピアヘルパーは守秘義務があるので，自分ひとりの胸にしまっておくべきである。

4　ピアヘルピングのプロセスは，①リレーションづくり，②問題の把握，③問題の解決の３段階である。

解答欄	

【問題解説】

1　リレーションには人をいやす機能があります。他者とのふれあい・つながりが安定感と居場所感を感じるからです。しかし，リレーションだけですべてが解決するわけではありません。よって内容は不適切です。

2　ピアヘルパーはプロのカウンセラーではありませんが，自分の仲間が困っていたら，何が問題なのかを知る必要があります。それゆえ 5W1H はピアヘルパーにも必要です。よって内容は不適切です。

3　現在は，守秘義務の例外がみとめられています。虐待・自殺・他殺など命に関する事柄は，ピアヘルパーの胸にしまっておいてはいけないと考えられています。よって内容は不適切です。

4　この３段階のプロセスをコーヒーカップ方式（P42）といいます。よってこの内容は適切（正解）になります。

〈解答〉　**4**

6 ピアヘルパーのパーソナリティ

「旅の道づれ」になるには，相手にとって負担にならない人柄と，自分自身も道づれになることが負担にならない人柄でないと，ピアヘルピングは長続きしないと思われます。それはどういう人柄でしょうか。

次に4つの条件をあげます。いますぐこれらの条件をもたなくてもいいのです。何しろみなさんは20歳前後で若いのですから。これらの条件をめざして自己研鑽すればよいのです。

1 人好き

人の面倒をみる仕事を長続きさせていくには，人好きであることです。生きた人間よりも哲学や統計学のような抽象の世界が好きな人は，人にふられたとか，親と不和だとかといった話に，耳を傾けるのは苦手であろうと思います。看護師とか教師とかカウンセラーなど，人に接する職業では，「人好き」でないと骨身を惜しまず……という気持ちにはなれません。

では，人好きな人とはどういう人でしょうか。人好きな人とは，自分自身を「好き」と思っている人です。自己受容・自己肯定と他者受容・他者肯定とは，相関があるのです。○○大学出身である自分を誇りに思っている人は○○大学出身者が好きですが，□□大学出身であることを恥じている人は□□大学出身者を避けたがるのがその例です。

裏返せば，自己嫌悪の強い人は他者嫌悪も強いので，親切な対応ができず，ヘルピングの仕事を楽しむ気持ちもとぼしくなります。自己嫌悪の度合いを下げるためには，周りの人から肯定的な評価（You are OK.）を受け続けることです。こうすると，他者からの評価を取り入れて，自分で自分を肯定的に評価するようになります。他者から肯定的に評価される体験は，構成的グループエンカウンターに参加すれば得られると思います。

2 共感性

共感性とは，相手の身になる能力，あるいは「打てば響く」能力のことです。話した側にすれば，相手に共感してもらえないと，「わかってもらえた！」「私には味方がいる！」という気持ちがわきません。例えば，野球を知らない人に「昨日のあの試合，ほんとうに惜しかったよ」と言っても，「ああそうでしたか」程度の返事しか戻ってこないといったことです。これでは話しがいがありません。

人に話を聞いてもらって，響いてくれる人と，そうでない人との違いは何に由来するのでしょうか。その原因は２つあります。１つは感情体験の幅，もう１つは特定の考えに固執しているかどうかということです。

幼少期に親と離別して人生の淋しさを体験した人は，似た境遇の人に親近感をもちます。俗にいう「気が合いやすい」ということです。それは互いに相手の身になれるからです。それゆえ，お金の苦労，愛情の苦労，受験の苦労など，なんの苦労もなく青年になった人は，それだけ「感度が鈍い」ということになります。甘やかされて育った人は，特に意識して人はどんな気持ちかを考えるくせをつけないと，人助けのつもりが「ありがた迷惑」ということになります。

ところが，感情体験は豊かであるにもかかわらず（例．苦労人），意外に人の気持ちがわからない人がいます。これは特定の考えに固執しているからです。例えば，「先輩を敬うべきだ」という考えに固執している人は，そうは見えない後輩に「気かきかないやつだ！」と腹を立てるということです。そういう考えに固執していない人は，「何があったんだろう。よほどいやなことがあったんだろう」くらいの推論はできます。

人の気持ちがわかる人間になるには特定の考えに固執しない自由さを身につけることです。そのための自己研鑽として論理療法の勉強を勧めます。

共感性のとぼしい50歳の心理学者より，共感性のある18歳の学生のほうが，人をいやす能力は高いということになります。同世代の者同士は感情体験が共通しているので，共感性も高いのではないでしょうか。これがピアヘルパーの存在理由の1つです。

3 自己開示

自己開示とは，自分の考えや感情や体験をオープンにすることです。ヘルパーが仲間にプロ気どりで論評めいた言い方をすると，不仲のもとになります。「何を生意気な！」となります。そうならないためには，「私はこうしている」「私はこう感じている」「私はこう考えている」と，自分を語ることです。ヘルピーはそこから何かヒントを得るでしょう。何のヒントも得られないとしても，「仲間が私のために一生懸命自分を語ってくれた」「自分を支えてくれる人がいる」という想いが，生への意欲のもとになるのです。それゆえ，ヘルパーにとって自己開示能力は大事な能力です。

ところが，人柄は誠実なのに，教科書ふうのありきたりのことしか言えない青年がいます。品行方正・学術優等しかとりえのない青年にありがちです。これでは人は心が打たれません。

「フロイド曰（いわ）く，ロジャーズ曰く」でなく，「私曰く」の話ができる人とはどういう人でしょうか。それは自己受容の人です。例えば，不登校児であった自分を受け入れているから，「私は不登校のときに……」と語れるのです。両親と別れた自分を受容しているから，「両親が離婚したので……」と語ることができるのです。

ヘルパーとヘルピーが，お互いに自己を開き合っている図をシェアリングといいます。教える者と教えられる者の関係ではなく，お互いに語り合う関係がシェアリングです。ピアヘルパーはたくさんの技法を学ぶよりは，自己開示できる人間になったほうが人助けになります。

自己開示の感覚を身につけるには，構成的グループエンカウンターに参加することです。ピアヘルパーの教育プログラムに構成的グループエンカウンターを組み入れてあるのは，そういう理由からです。

ところで，「自己開示」と「自己顕示」と「告白（ざんげ）」は物理的には似た行動ですが，思想（ねらい）が違います。

ヘルピングのときにピアヘルパーが行う自己開示には，相手のためになるようにという想いがこめられています。社交会話での自己開示は，人に聞いてもらいたいという心境です。動機が違います。

自己顕示は，人の注目を引きつけたいという自己中心的な動機に由来しています。相手のためになるかどうかは問題ではないので，時間を一人占めにすることがよくあります。

告白と自己開示の差は罪障感の有無です。告白には罪の意識が伴うので，聞き手は共犯者になったような重い暗い気持ちになりがちです。ピアヘルパーの自己開示は自己受容に由来しているので，罪障感を伴わないのが特徴です。それゆえ，聞き手は元気が出てくるのです。罪障感のない自己開示をするには論理療法を学ぶことです。罪障感の多くはイラショナルビリーフ（事実と論理のとぼしい考え方）に起因しているからです。

4 自分の人生をもつ

ピアヘルパーは，自分の人生を顧みず，人の人生づくりを趣味のようにしてはならないと，まず言いたいのです。自分の人生をもたない人が，人を助ける仕事に専念するとどうなるのでしょうか。

次のような問題が生じます。

① 「人の人生＝自分の人生」と錯覚しがちになります。例えば，自分のお金を持たない人が，人のお金を扱っているうちに，自分のお金のようにしたがるのと似ています。自分が希望の大学に入学できなかったので，自分の子どもをその大学に入れたがる親の心理もこれと同じです。

② ヘルピーをいつまでも手もとに引きとめたくなるということです。子どもが成長して親元を去るのと同じように，自立とは心理的なへその緒を切ることですから，ヘルピーは必ずヘルパーの元を去っていきます。このとき，自分の戻るべき人生をもたないヘルパーは，いつまでもヘルピーを自分のもとに引きとめておきたくなって，「世話になるときだけなって……」ととがめたくなります。つまりヘルピーの自立をさまたげることになるのです。「では，お元気で」「じゃあ，またどこかで」と気持ちよく別れるためには，ヘルパー自身が戻るべき自分の人生をもつことです。

③ ヘルピーの幸福に嫉妬心をもちがちになることです。ヘルパーが自分の人生を楽しんでいないと，人が異性とデートしたり，気に入ったところに就職をしたりすると，自分だけが取り残された感じがしてハッピーでなくなります。人の幸福を喜べるためには，自分も幸福でなければならないということです。

以上の理由から，ピアヘルパーは自分がまず幸福であるにこしたことはありません。自分が幸福でないと人の幸福どころではないからです。ヘルピーにしても不幸な人のところに「どうしたら幸福になれるでしょうか」と聞きに行く気はしないと思うのです。

ピアヘルパーを志すとは，「自分で自分を育てる」ということのようです。

テスト問題

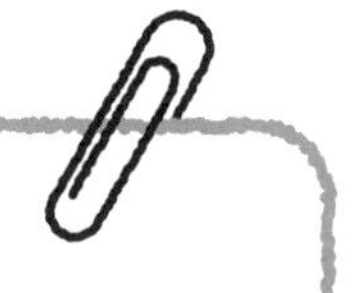

問 自己開示がピアヘルピングの大事な方法である理由として，次の文章の中から不適切なものを１つ選びなさい。

1 ピアヘルピングの基本的方法であるシェアリングは，自己開示そのものである。

2 ピアヘルパーの自己開示の中に，ヘルピーは問題解決のヒントを得ることができる。

3 ピアヘルパーの自己開示は，感情を発散させることで，自分自身のメンタルヘルスを保持するのが目的である。

4 ピアヘルパーの自己開示はヘルピーとのリレーションを深める。

解答欄	

【問題解説】

1 構成的グループエンカウンター（SGE）の中で語られるシェアリングは，自己開示になります（P46）。よって適切です。

2 自己開示の中には，問題解決のヒントになることがあります。「私はこんなとき，このような対応をした」という話が，困っているヘルパーの解決につながる可能性があるからです。よって適切です。

3 ピアヘルパーはヘルピーを援助する役割があります。自分自身のメンタルヘルスを保持するのが目的ではありません。よって不適切（正解）です。

4 自己開示をすることで，ヘルピーはピアヘルパーを身近に感じることができ，リレーションが深まると考えられます。よって適切です。

〈解答〉 3

7 カウンセリングの動向

ピアヘルピングは現代のカウンセリングの動向の中から生まれたものです。それゆえ本節では，ピアヘルピングという「1本の木」を含むカウンセリングの動向という「森」を見ていただくことにします。

日本のカウンセリング界の初期のころ（1950～1970年代）は，精神分析理論とロジャーズの自己理論（来談者中心カウンセリング）の2つがあるだけでした。ほかの理論は少数派でした。さて，この2つの理論の共通項は「1対1の面接志向」ということ，私は分析者であるとか自分はカウンセラーであるといった「役割意識（職業意識）」が強く，自分たちの理論がいちばん優れているという「ナーシズム」が支配していたことです。

ところが，日本では1980年前後から次の4つの変化が見え始め，現在の主流になりつつあります。

1 折衷主義

1つは，折衷主義です。「どの理論にも限界がある。オールマイティの理論はない。それゆえに人や状況や問題に応じて，そのつど最適の対応を考えることだ。一宗一派に固執するのは理論中心主義である。クライエント中心主義ではない。使えるものは何でも使えばよいのだ。ようはクライエントのためになることをすればよいのだ」という考えが折衷主義です。

いまは日本の大学でも，1人の教授が複数の理論を語る時代になりましたが，初期のころは１人の教授は１つの理論しか語りませんでした。これでは柔軟な言動ができる青年は育ちません。ピアヘルピングの教育プログラムは，特定の理論に偏向しない立場（折衷主義）でつくられています。

2 育てるカウンセリング

現代のカウンセリングの第２の動向は，部屋の中での１対１の面接だけがカウンセリングではない，と考えられるようになったことです。多人数を集めて企業の求人状況を説明したり（進路指導），仲間づくりの作業（グループ活動）を課したりするのもカウンセリングだと考えるようになりました。ということは，「治すカウンセリングから育てるカウンセリングへ」とカウンセリングの守備範囲が広まってきたともいえます。治すカウンセリングは室内の１対１の面接を積み重ねる方法ですが，育てるカウンセリングは，日常生活場面での人間関係を通して行われることが多いからです。

そういう観点からみると，ピアヘルピングは育てるカウンセリングの代表例ということになります。ついでにいうと，育てるカウンセリングのほかの代表例が，「構成的グループエンカウンター」「キャリアガイダンス」「特別活動（ボランティア活動，キャンプ合宿など）」「サイコエジュケーション（例．人権教育，ソーシャルスキル教育）」です。

「育てる」という意味は，人生でだれでもが遭遇する問題（例．心理的離乳，友人関係，職業選択）を乗り越えられるようにするということです。したがって，育てるカウンセリングの世界には，教師，警察関係者，ナース，保育関係者，管理職，宗教家，法律家，ボランティアなど，人の人生にふれる仕事をしている人が参加できます。そこが治すカウンセリングと違うところです。もともとカウンセリングは，「育てるカウンセリング」として誕生し発達したものなのです。

3 自己開示の容認

カウンセリングの第1の動向は「折衷主義」，第2の動向は「育てるカウンセリング」と言いました。それでは第3の動向は何でしょうか。

それは「自己開示の容認」です。カウンセリングの老舗は精神分析療法と来談者中心療法ですが，その時代には精神分析者もカウンセラーも「自己を語ってはならない」と教育されていました。つまり，「治療者の役割に忠実になれ。私的な自分を出すな」という原理を守っていたのです。

こうなると，「カウンセラーは許容的に傾聴してくれて愛想もよいが，あれは営業用のスマイルだろうか」と疑念をもつ人も出てきます。そこで登場したのが，カウンセラーという役割からぬけ出した一人の人間と役割になりきった人間との間に，ギャップ（隔たり）が少ないほうがよいという考えです。「カウンセリング場面での応対の仕方は，そのカウンセラーの人柄の表現である」という考えです。

この考えでは，カウンセラーぶってはならないということです。あるがままの自分になりきることです。それが，教師やカウンセラーの自己開示が最近になって許容されるようになった理由です。それゆえ，「ピアヘルパーの自己開示は，もっとも基本的なヘルピング技法である」と言いたいです。

4 仲間同士のカウンセリング

カウンセリングの第4の動向は，ピアヘルピング，ピアサポート，ピアファシリテーション，ピアカウンセリングなど，「仲間同士のカウンセリング」を普及させようとする運動です。この動向にそって，ピアヘルピングのプログラムがつくられたわけです。

ピアヘルパーは，学校の外からやってくる専門家ではなく，同じ集団に属する内部の一員です。ピアヘルパーのピアは,「同じ年ごろの仲間という意味だ」ということは前にもふれました。年齢が近く同じ集団に所属している仲間は,境遇も似ていて同じような問題を抱えているため,話が通じやすいのです。また仲間に相談するので特別な目で見られなくてすみます。特に若い人たちは,教師・両親よりも仲間から大きな影響を受け,仲間に受け入れられることで,ひとりぼっちの気持ちから救われるのです。ピアヘルパーは,こうした仲間集団の特性を生かして,カウンセラーではできない独自の仕事をします。

またピアヘルパーは仲間を助けるだけでなく,学校全体にケア(親身の世話)とサポート(支え合い,助け合い)の精神を広め,傾聴し支え合い,ともに学び合う学校文化をつくることにも貢献できます。

現代社会は,「私には関係ない」というニヒリズム(虚無主義)におおわれているといわれます。仲間が傷つけられているときに,見て見ぬふりをするのではなく,「いじめや暴力を許すな」という声が若い人々の間から起こり,自分たちの手で争いごとを非暴力で解決できるようになれるきっかけが,ピアヘルパーに期待されています。

「無関心」が広がっている社会の中で,ケアとサポートの価値を日常の級友と付き合うなかで広げようとする人々,これがピアヘルパーです。

このような時代だからこそ,ピアヘルパーの必要性はますます強まっています。

テスト問題

問 次の文章の中から不適切なものを１つ選びなさい。

1　ピアヘルパーはヘルピーを助けることで，自分自身も学習し成長する。

2　ピアカウンセラーということばよりもピアヘルパーのほうが使われるようになったのは，専門的訓練を受けたカウンセラーと区別すべきであるという意見が強まったからである。

3　ピアヘルピングとは部屋の中で１対１の面接を積み重ねることである。

4　ピアヘルパーは，その特性を生かしてカウンセラーにはできない独自の仕事ができる。

解答欄	

【問題解説】

1　ピアヘルパーはヘルピーの相談にのることで，共に思考し，問題解決に向かうため，自分自身も学習し成長することになります。よって適切です。

2　ピアヘルピングは仲間同士のヨコの関係ですから，ピアヘルパーは専門的な援助者ではありません。日本教育カウンセラー協会では専門的訓練を受けているカウンセラーと区別する立場をとっています。よって適切です。

3　ピアヘルピングとは，同じ年ごろの仲間が境遇も似ているので，話が通じやすく支援もしやすいとの考えからです。また，仲間に相談するので，特別な目でみられないという利点もあります。これは部屋の中で１対１の面接を積み重ねることとは異なります。よって不適切（正解）です。

4　ピアヘルパーは，同じ年頃の仲間なので受け入れやすい，ひとりぼっちな人にも声をかけやすいなどの仲間集団の特徴を活かし，独自の仕事ができます。よって適切です。

〈解答〉　**3**

第2章

カウンセリングスキル

1

ピアヘルピングの言語的技法(1)

ピアヘルパーは「旅の道づれ」です。旅の道づれには，話し相手になる能力が必要です。それは，社交会話や雑談・歓談とは違う話し相手になる能力です。楽しむだけの社交会話と違って，人をヘルプするために，相手の思考・行動・感情のいずれかが変容するきっかけになる対話をするわけです。ですから，社交会話よりストレスもあり，疲れも生じると思います。

ヘルプする対話では，次の3つを頭において人と接する心構えが必要となります。その心構えとは,⑴自分も相手もくつろげるようにする(リレーションづくり)，⑵解くべき問題は何であるかをつかむ，⑶その問題にどう対応すればよいかを相手と一緒に考える，の3つです。つまり，第1章5節で説明したコーヒーカップ方式です。

そして，この3つの仕事をするときの基本的技法が5つあります。それを本節と次節で順に説明します。

1 受容

相手が「おれ，頭が悪いんだ」と言うと，「そんなことないよ」と反応するのが日常会話です。ヘルピングのための対話では，「そうなんだ」とか「なるほど」とか「それで？」といったぐあいに反応します。つまり，ほんとうに頭がいいとか悪いとか人を評価する態度を捨てて，相手の身になりきって話を聞くのです。この姿勢を受容といいます。相手にすれば,「何を話してもこのヘルパーは聞いてくれる。社交辞令で話をはぐらかさない誠実な人だ」と思ってくれます。

ピアヘルパーは人の話を聞くとき，「それはきみの思いすぎだよ」「きみも世間知らずだなあ」「冗談言うなよ」「お世辞言うなよ」などとポンポン言って返さないことです。なるべく相手が自分の内界と外界をゆっくり探索できるようにしたいからです。また，ピアヘルパーは自分の価値観を一時的に捨てて，相手の身になりきることです。

例えば，1章5節でも述べましたが，アメリカの文化人類学者がネイティブアメリカンの文化について知ろうとするとき，かれらはアメリカ人としての価値観は捨てて，ネイティブアメリカンになりきって生活します。ピアヘルパーもその感覚で相手の世界になりきることです。

ヘルピーにすれば，「人生で一人でも私の気持ちをわかってくれる人がいる」ということが生きる力の源泉になるのです。ああせよこうせよと，何か気のきいたアドバイスをしなければ，相手は失望するだろうと気を回しすぎる人がいますが，そんなことはありません。「親も教師も私のことを変わり者と思っていたが，○○君だけは私の気持ちをわかってくれた」という思いが人を救うことになるのです。

受容の練習

① 2人組になり，「中学時代に頑張ったこと」を1分間話し合いましょう。

Aさん：最初に話す（1分）

Bさん：受容的な態度で話を聞く

② 同様に，役割を交代して話し合いましょう。

③ 2人とも終わったら，次の2点について感想を伝え合いましょう。

1．話しやすかったか　**2**．聞いてもらえた感じがしたか

2 繰り返し

受容的に人の話を一区切りつくまで聞いたら，「〜ということですね」と相手の話の要点を整理して返します。これを「繰り返し」といいます。ヘルピーにしてみると，自分の話したことが整理要約されて外から戻ってくるわけですから，自問自答を促進する技法ということになります。

日常生活でこの技法を乱発すると人に不快感を与えるでしょうが，相手が困りごとで頭がいっぱいの場合は，「繰り返し」の技法のおかげで気持ちが「整理された，落ち着いてきた」ということが少なくありません。気のきいたアドバイスをしなくても，繰り返しで気持ちの整理を手伝うだけで喜ばれる技法です。

「地元に帰って就職するか，東京に残って就職するか迷っているんだ」とヘルピーが語ったとき，「そうか。Uターンしようかしまいかで迷っているわけだ」と繰り返すと，相手にすれば「よくわかってくれた」という満足感が生じます。「ああ，そうですか」だけでは物足りません。

もし相手の言っていることがつかめないとき（繰り返しのしようがないとき）には，「あなたの話をひとことで言うとどうなりますか」と相手に要約してもらえばよいのです。立て板に水のようにまくしたてる人には，「ちょっと待って」と話を一時的にさえぎって，「ようするに〜ということですね」と確認していくほうがよいでしょう。このような介入をしないと，相手にふり回されることがあります。

「繰り返し」の練習

① 2人組になり，「高校時代に頑張ったこと」を1分間話し合いましょう。
Aさんが話している時に，
Bさんは「繰り返し」の技法を使ってみましょう。

例　Aさん「高校時代，何をがんばっていたかといったら，部活だったと思うんですよね。吹奏楽部だったんですが，大変だったかな」

Bさん「高校時代は吹奏楽部でがんばっていたんですね。いろいろ大変だったんですね」

② 同様に，役割を交代して話し合いましょう。

③ 2人とも終わったら，次の2点について感想を伝え合いましょう。

1．話しやすかったか　**2**．聞いてもらえた感じがしたか

3 明確化

「受容」「繰り返し」の次に「明確化」という技法があります。相手がまだ言葉にしていないところを，先取りして言葉にする方法です。

「先輩，いま，時間ありますか？」という言葉の下にある言葉を先取りして，「何か用事があるの？」と言って返します。これが明確化です。「先輩のご両親はよくけんかされますか？」と聞かれたら，簡単に答えたあとすぐ「あなたのご両親はうまくいってないの？」と返します。明確化のねらいは，意識の面積を広めることにあります。相手がぼんやりと感じていたことを言葉にしてオープンにするのです。そのほうがセルフコントロールしやすくなるからです。

また明確化すると話が深まります。明確化しないと話が堂々巡りするのでヘルプの手がかりがつかめません。

「いま，スマホ持っている？」と聞かれて，「ハイ，持っています」というだけの応答では人をヘルプできません。「時間が気になるの？」「連絡先を交換する？」などと応答するのが明確化です。察しのよい人は明確化の上手な人です。鈍感な人は明確化の下手な人です。

明確化は精神分析の解釈のように，無意識の世界を明らかにするもので

はありません。潜在意識レベルのことを意識化するのが明確化です。日常生活でもよく用いられているものです。例えば，「親友のＣ子と明日の発表の件で言い合いになって，やる気が出ないんだ」と言われたら，「そうなんだ，気にすることないよ」ではなくて，「発表での自分の考えが受け入れられなくて，悔しいんだね」と応ずるのが明確化です。

明確化のセンスを高めるには，日常生活で人の会話をよく観察する，文学作品を読む，グループエンカウンターに参加するなど，普段から「こういうことを言う人にはこういう思いが秘められていることがある」と勉強しておくことです。

「明確化」の練習

ヘルピーが次のように話したとき，どのように明確化しますか。

1　家に帰りたくないんだよね……

2　勉強が手つかなくて……

3　大学で授業を受ける意味がわからなくなって……

〈応答例〉

明確化は一つではないので，以下は参考として読んでください。

1　両親とけんかでもしたの？

2　もしかして，好きな人ができたりして？

3　家でリモートの授業を受けたいと思っているの？

テスト問題

問　次の文章中から，ヘルピーと対話するとき
ぜひ心にとどめておいたほうがよいことを3つ選びなさい。

1　ヘルピーとの間にリレーションをつくる。
2　ヘルピーと同じ専攻かどうかの確認をする。
3　敬語を用いているかを自己点検する。
4　問題の核心をつかむ。
5　「私はピアヘルパーです」と自己紹介する。
6　話を聞きっぱなしにしないで何らかの対応をする。

解答欄			

【問題解説】

コーヒーカップ方式（P42）を思い出してみましょう。

ピアヘルピングのプロセスは，①リレーションをつくり，②問題を把握し，③問題を解決するというものです。

このことを考えると，ヘルピーとの対話で心がけるべきことは，「1 ヘルピーとの間にリレーションをつくる」「4 問題の核心をつかむ」「6 話を聞きっぱなしにしないで何らかの対応をする」の3つになります。

〈解答〉 **1，4，6**

2

ピアヘルピングの言語的技法（2）

前節では，ピアヘルピングを進める５つの基本的技法のうち，「受容」「繰り返し」「明確化」の３つを語ってきました。本節では，残る２つの技法，「支持」と「質問」について説明します。

1 支持

これは相手に自信（自己肯定感）が育つようにする技法です。

「それはよかった」「たいしたものだ」「だれでも泣きたくなるよ，そういうときには」「ぼくにもそういうことがあったよ」「それはあなただけの責任ではない」「これからどうするかを考えればいいんだよ」といった応答が支持の例です。

何でもかんでも「そりゃそうだ」「それでいいんだよ」を乱発すると，無責任な機嫌とりのピアヘルパーということになります。社交会話ではないので，ほめさえすればよいというものではありません。支持してよいかどうかを考えることです。考えることは次の３つがあります。

① 「この人の言っていることは理論的にありうることか，当然のことか，自然のことか」。例えば，フラストレーション（例．不合格）にあえば攻撃的になるという理論を知っているヘルパーなら，「やけ酒を飲むのは当然ですよねえ」と支持することになります。

② 「この人のような人が過去にいたか」。「そういえば，うちの母もよ

くそんなこと言っていたなあ」と思う人は，「それは母親ならだれでもそうですよ，私の母もそうでしたよ」と支持します。

③ 「理論も知らない。過去に類似の事例に出合ったこともない。さて，自分自身にはこの人と同じような感情体験はなかったか？」。もしあれば,「私もそうでしたよ。あなただけではないですよ。大丈夫ですよ」となるでしょう。もし自分に体験がなければ，「そんなものでしょうねえ」とか「ありうることですよね」「つらいものでしょうね」など，自己開示的に応答します。

ヘルピーにしてみれば，いいアドバイスが得られなくても，「人生で自分を支持してくれる人がいる，味方になってくれる人がいる」というだけで生への意欲が高まるものです。

職場でいやなことがあっても,両親は帰宅すれば子どもが「お父さん！」「お母さん！」と無条件で支持してくれるので，職場の困難に耐えているのです。これと同じ原理がピアヘルパーとヘルピーの間にあれば，人生は素晴らしいものになります。

支持の練習

ヘルピーが次のように語ったとき，どのように支持しますか。

1　みんなでがんばったのに，大会で金賞とれなかったよ（努力が報われない）

2　最近忘れ物が多くて，重要な書類を家に置いてきたよ（行動の失敗）

3　親と進路のことで言い合いになった。落ち込んでいるんだ（感情の落ち込み）

〈応答例〉

支持の仕方は１つというわけではありません。ヘルピーに元気が出てくる応答を誠実に言うことだと考えます。参考として以下の応答例を読んでみてください。

1　いつも練習しているのを見ていたからわかるけど，ほんとうにみんなで頑張っていたよね。金賞よりすばらしい仲間ができたと思うよ。

2　だれにでも忘れ物はあるよ。私もこの間忘れ物したよ。完璧な人間なんていないものだよ。

3　落ち込むことはあるよね。すごくその気持ちわかるよ。私も親に「就職どうするの」と言われると胃が痛くなるよ。

2　質問

「受容」「繰り返し」「明確化」「支持」と４つの技法を説明しました。いよいよ最後の技法です。それは質問技法といいます。

ヘルピーと対話しているとき，「それはいつごろから？」「いままではどうしていたの？」「要するにどういう状態になればよいわけ？」などと質問することです。質問には次の３つのねらいがあります。

第１は，好意の伝達です。「どこに住んでいるの？」「外は寒かったでしょう？」と，たわいのない質問でも，「私はあなたに関心をもっています」という好意の伝達になります。ヘルピーは自分に関心をもってくれる人に好意をもちます。したがって，質問技法はリレーションづくりに有効です。

第２は，情報収集です。ヘルピーに関する5W1Hを知れば，何が問題か，どうすればよいかがはっきりしてきます。

第３は，ヘルピーの自己理解・状況理解を促進することです。

例えば，次のような場合です。「みんなが私のことをばかにするんだ」と言う相手に，「みんなとはだれのこと？」と聞くと，「いま付き合っている仲間だ」と言う。「いま付き合っている仲間は何人？」と質問すると，「4人だ」と答える。「4人全員があなたをばかにしているの？」と質問すると，ちょっと考えてから「全部じゃない，２人だ」と言う。「ばかにしているというのはどこでわかるの？」と質問すると,「くだらない冗談を言うから」と言う。「ばかにしているというよりも，あなたに親近感をもっていると言ったほうが当てはまるのではない？」と聞くと，「そう言われれば，そうかもしれない」と言い出す。

以上のように，質問には相手の自問自答を促進して，いままでぼんやりしていたことにはっきり気づかせる働きがあります。

では，次に質問の仕方を説明します。

質問の仕方には2つあります。1つは「閉ざされた質問（closed question)」，もう1つは「開かれた質問（open question)」です。

閉ざされた質問とは「ハイ」「イイエ」で答えられる聞き方です。例えば,「授業は面白いですか？」「ホームシックにかかっていますか？」などです。これは状況をはっきりつかみたいときに有効な聞き方です。

開かれた質問とは,「ハイ」「イイエ」では答えられない聞き方です。「授業のほうはどうですか？」「ご両親との連絡なんかはどんなぐあいですか？」などがその例です。情報がたくさんとれるのが長所です。しかし口の重い人には答えにくいので，そのときは閉ざされた質問に切りかえるとよいでしょう。

結論として，「閉ざされた質問」と「開かれた質問」は，両方を折り混ぜて使えばよいということになります。折り混ぜて使うときの留意点が3つあります。

① つまみ食いの聞き方をしない。イモヅル式に関係のあるところに流れを追って聞いていく。例えば，「父が上京してくるというのですが，私は父に会いたくないのです」というヘルピーに,「お父さんの年齢はいくつですか」という質問はつまみ食いです。「会いたくない理由があるんでしょうね」はイモヅル式です。話したことに関係あること

を聞いていくようにします。

② 役得で質問しない。すべての質問は人をヘルプするためです。自分個人の好奇心や必要性から質問しないことです。例えば,「アルバイトでいくら収入があるか」ということを,ヘルピーの問題を解くのに必要な情報ではないにもかかわらず,ピアヘルパー個人の好奇心だけで聞くのは,ヘルピーを自分の利益のために利用したことになります。

③ 相手のいやがる事柄を無理に答えさせない。プライバシーへの配慮からです。どうしてもある事柄について質問したいときには,なぜそのことを知りたいのかを説明し,納得して答えてもらう必要があります。

質問の練習

① 「閉ざされた質問」と「開かれた質問」を用いて仲間の相談にのる練習をします。2人1組になり,ヘルパーがヘルピーに2分間質問します。そのあと交替して行います。相談のテーマは下記のものから選んでください。

1 今困っていること

2 最近感じていること

3 自分の将来について

〈留意点〉

・ヘルパー役の人は,「質問のしすぎ,聞きすぎ」に気をつけてください。

・ヘルピー役の人は,語りたくない内容については,無理しない範囲で答えてください。言いたくない場合は「それはちょっとむずかしいです」と断ります。

② 練習のあと,次の2点について語り合います。

1 よかった質問(このときの質問は,閉ざされた質問でよかったかなど)。

2 「よくぞ聞いてくれました」という質問があったか。

以上，ピアヘルパーの使える技法として，前節から「受容」「繰り返し」「明確化」「支持」「質問」の5つを説明しました。しかし，実際に人と対話するときに，いちいち頭の中で「さて，『受容』したからそろそろ『繰り返し』するか」と考えるべきものではありません。誠実な自分になりきることが大切です。対話がすんでから「さっきのヘルピーはどの程度満足したかなあ」と考えるときのチェックポイントが，これまでに述べてきた5つの技法だと思ってください。

3 総合練習

では，5つの技法を駆使展開して，(1)リレーションをつくり，(2)問題の核心をつかむ練習をします。トピックは68ページの4つから選んでください。練習の仕方は次のようにします。

まず，利害関係のあまりない者同士が3人1組になります（学科やサークルや出身高校が同じ者同士は一緒にならないほうがよい）。

次に，ジャンケンでヘルパー役，ヘルピー役，観察役を決め，下記のトピックで，ヘルピーがヘルパーに訴えるところから対話を始めます。1回は5分間で切り上げます。終わったら，観察者とヘルピー役が，「ヘルパー役の対応の仕方のよかった点と改善点」を述べます。次にそれを参考にしてヘルパー役が自己評価します。これでワンセッションが終わりです。

そのあと，役割を交替して，同じ要領で2回行います。つまり3人全員がヘルパー役，ヘルピー役，観察者役の3つを体験することになります。

全員がすべての役を体験したら，最後のしめくくりとして，「この3つの役を体験して気づいたこと，感じたこと」を3人で考え語り合ってください。これをシェアリングといいます。

総合練習のトピック

1　授業への参加意欲が低い（授業がつまらない）
2　何でも話せる友人がいない
3　将来，自分が何をしたらいいのかわからない
4　親の考えが自分と合わない

以上のような模擬練習法を，カウンセリングではロールプレイといっています。①上手にできなくても人を傷つけないという安心感があるので練習しやすいこと，②ヘルピー役を演じているうちに人の心情を推論する能力が育つこと，③意図的にある場面を特定できること，が学習法としてのロールプレイのよいところです。仲間だけの研究会でも用いることのできる方法です。

テスト問題

問　次の発言に対する下記１～４のヘルパーの応答は，Ａ受容，Ｂ繰り返し，Ｃ明確化，Ｄ支持，のどの技法を用いているか記号で答えなさい。

「私は将来のことを考えて，資格を取りたいと思ってこの学校に入学しました。しかし実習に行ったら，自分にこの資格があっているのか，わからなくなってしまって，ピアヘルパーに聞いてほしくて相談に来たのです」

1　「ピアヘルパーに聞いてほしくて相談にきたのですね」
2　「自分にこの仕事が合っているのかと悩むことは大切なことですよね。がんばっているなと思いました」
3　「わからなくなって不安になっているのですね。その気持ちわかります」
4　「自分に合った仕事を探したいと考えているのでしょうか」

解答欄	1	2	3	4

【問題解説】

1　話している内容を繰り返しているので　→　B　繰り返し
2　「がんばっている」と自信を与えているので　→　D　支持
3　気持ちを理解しようとしているので　→　A　受容
4　本人が気づいていないことを言っているので　→　C　明確化

このようなヘルピーからの相談に対して，受容で対応すべきか，支持で対応すべきかといった基準はマニュアル化することはできません。しかし，自分がどんな対応をしているのかを知っておく必要があります。そうでないと，どこを改善したらいいのか目途（めど）がたたないからです。

3

ピアヘルピングの非言語的技法

ピアヘルパーは，対話の技法を知っているほうがよいと言いました。対話の技法には，前節までで説明した，受容，繰り返し，明確化，支持，質問という５つのコミュニケーション技法のほかに，非言語的コミュニケーション技法があります。

しかし，言葉のコミュニケーションはたどたどしい人でも，周りの人から信頼され，好かれている人がいます。それはたぶん，口下手を補うだけの非言語的技法を駆使しているからではないでしょうか。

非言語的技法とは，視線，表情，ジェスチャー，身体接触，声の質量，服装，座り方，時間厳守，歩き方，言葉遣い，あいさつなどです。

1 視線

自分の気持ちを相手に伝えるときでも，相手の気持ちを読み取るときでも，視線はコミュニケーションの大事なチャンネルです。目をふせて語る人がいたら，何かやましいことがあってそれを見やぶられたくない，相手に気合い負けして（劣等感を覚えて）萎縮している，気持ちが内向している，などの仮説が立ちます。

またこちらはこちらで，ある感情，ある思考を相手に伝えたいときは，目をじっと見て語りたくなります。うつむいたり，目を閉じて熱弁をふるっても人の心を打つことはできません。「目で人を射る」という言葉があるように，視線は攻撃性を出すチャンネルなのです。目を相手に向けて話すのはきわめて大事なことです。

2 表情

「合格したのか。よかったなあ」と言うときには，その言葉にふさわしい表情をしないと人に伝わりません。友達が落ち込んでいるときにはシリアスな表情で聞いてあげないと，相手は気持ちがわかってもらえたとは感じません。ピアヘルパーが一緒に喜んでくれている，一緒に悲しんでくれている，それがわからないとヘルピーは話しがいがありません。

無表情というのは，いちばんよくありません。ときどき鏡で自分の表情を見て，心と一致する表情を工夫しておくことです。例えば，心の中では怒っていても，顔にしまりがないと怒りが相手に伝わりません。感謝していても，ポーカーフェイスだと感謝の気持ちが伝わりません。言葉を選んで語るように，表情を選んで気持ちを伝える工夫が必要です。

3 ジェスチャー

体の動きのことです。例えば，げんこつや腕組みは，心が閉ざされていることを表す身体言語です。もし相手がひざをそろえて座り，両手のこぶしをひざの上においていれば，相当にかしこまっている（ヘルパーに対して心的距離がある）と考えられます。

また，あなたが自己開示したいのなら，手のひらを開き，腕をほどいて，リラックスした姿勢で話すことです。みんなの前で話すときに，「直立不動」の姿勢といって，「気をつけ」の姿勢のままで話す人がいます。これは礼儀正しいという好感は与えますが，遊びやゆとりがないので聞く側は疲れます。話し手の姿勢に少しくずれのあるほうが聞き手は疲れません。

4 身体接触

「また会おうね」と，別れの握手をすることがあります。握手はボディコンタクトの１つです。私たちは母親とのボディコンタクト（授乳，おんぶ，だっこ，添い寝，入浴，頬ずりなど）を通して成長したので，大人になっても身体接触があると，安定感・安堵感・親密感をもつ傾向があります。それゆえ，ピアヘルパーは日常でも握手くらいできるとよいでしょう。

相手が異性の場合など，身体接触ができにくいときは，なるべく空間を縮めて座ることです。物理的距離が縮まると，心理的距離も縮まるからです。教室で前に出て話すときは，教卓の前に出て来て話すことです。話し手と聞き手の物理的距離が縮まるからです。会議のときも，なるべく小さな輪になって座るほうが会話も深まります。

5 声の質量

キンキン声で話すと，聞き手はイライラします。語られていることが頭に入りません。小さい声でボソボソ語ると，「あの人は話していることに自信がないらしい」と思われます。それゆえ説得性のとぼしい話になります。

声の調子をよくするには，自分の声を聞きながら話すことです。落ち着いた少し低めのトーンで話すとよいでしょう。無我夢中で話すと，声も聞きづらくなります。

6 服装

通夜や葬儀に参列するときには，黒系統の服装をします。それが弔意の表現だからです。つまり，服装・身だしなみには，人の心の表現という意味があります。例えば，髪にくしを入れず，ボタンの取れた上着を着てやって来た人は，生活がかなり取り込んでいるらしいと見当がつきます。

卒業祝いの席に普段着のセーター姿で行ってみたら，招き主が上等な背広を着て待っていたとします。招き主はせいいっぱい祝意を表してくれたわけです。招かれた学生はセーター姿でどういう気持ちを表そうとしたことになるのでしょうか。

ピアヘルパーは対人関係の仕事をするわけですから，服装・身だしなみには，状況に応じた配慮をするようにアドバイスしたいと思います。

7 座り方

2人で話すときは，なるべく近くに座ったほうが心理的距離が縮まります。大きなテーブルをはさんで離れて座ると心がふれあえません。いすがたくさんあるのに，わざわざ遠いほうのいすに座る人は，なんらかの理由で深いつながりを避けていると推論できます。

4人1組でグループをつくる場合，2人ずつ向き合って座ることがあります。これでは「われわれ意識」は育ちにくいのです。そこでできるだけ4人が近づいて円形に座るようにと介入します。

また8人1組で円陣形に座ってもらったところ，1年生だけでかたまったり，上級生だけでかたまって席を取ることがあります。これではサブグループができてしまうので，全体を1つのグループにまとめるためには，1年生と上級生が入り交じって座るように指示します。

8 時間厳守

ピアヘルパーは，人と会うときは，約束の時間の5分前には目的地に着くように心がけることです。こうするとヘルピーはヘルパーの誠意を感じます。仕事を依頼された場合も，期日前に仕上げるようにするとよいでしょう。これが依頼主への誠意の表現です。

時間を守るか，守らないかは，気持ちの表現です。デートや会議に，しばしば遅れる人がいます。あまり乗り気でない場合です。教授でも，授業に意欲的な人は定刻に教室に来ます。ところが毎回20分遅刻し，20分早目に切りあげる人がいます。教育に意欲がない場合にみられる現象です。また約束の時間がきても話を切り上げない人がいます。他者への配慮の足りない人，自己中心的な人という印象をもたれがちです。

したがって，ヘルピーが何回も遅刻するとか，しばしば中座するとか，定刻になっても話し続ける場合には，次のように考えるとよいでしょう。遅刻や中座は，ヘルピングを受けることへの意欲が低いと思われます。定刻になっても立ち去る様子がないのは，別れるのがつらい（分離不安），いつまでもかまってほしい（幼児性），人の都合を気にしない（自己中心）などの心理的表現です。

9 歩き方

歩き方も心の表現です。例えば，目の不自由な人は，人の歩いている気配で，その人がどんな人物か（高圧的な人か，やさしい人か）わかるそうです。ピアヘルパーがちょこちょこ歩く人だと，なんとなく軽い人間のように思われて，人は大事をたくす気持ちになりにくいものです。また，ゆっくり歩きすぎると，のろのろしている印象を与えます。「打てば響く人物だ」という印象を与えません。

「ちょこちょこ歩くな。だらだら歩くな」。ではどう歩いたらいいのでしょうか。地面を意識しながら歩くことです。そうすると，速からず遅からずの歩き方になります。つまり，頼りがいのある人物という印象を与える歩き方を工夫することです。高齢者は足を引きずるような歩き方をしがちです。そこで老教授のなかには意識してきびきびと歩くように努めている人もいます。

10 言葉づかい

方言を気にすることはまったくありません。標準語を使おうとすると，言いたいことがすらすら出てこないからです。

大事なことは，この人になら安心して相談できるという感じをもたれることです。⑴品のない表現はしない，⑵差別･ハラスメントに属する言葉･表現を用いない，⑶年長者には敬語を用いる，⑷専門用語を使わない，⑸横文字の言葉には意味を付け加える，などに留意するとよいでしょう。

11 あいさつ

「おはよう」「では来週また」など，初めと終わりのあいさつをはっきりすることです。年齢・学年を問わず，相手が立ったままあいさつするときは，こちらも立ち上がってあいさつすることです。座ったまま人のあいさつを受けるほどに，自分は偉い人間ではないという自戒のためです。

以上，「対話」とは，言語的表現と非言語的表現の２つを用いて行うものです。

テスト問題

問 次の非言語的表現はどういう心理を表現しているでしょうか。下のことばのグループから選びなさい。

〈非言語的表現〉

1 目を閉じて腕組みしている。
2 もじもじしている。
3 色違いの靴下をはき，髪は乱れている。
4 無愛想な応答。

〈ことばのグループ〉

A 言おうかな，どうしようかなの迷い。葛藤。
B 朝寝してあわてて家を出た。パニック。
C あまり話したくない。抵抗。
D こまったなあ。思案。

解答欄	1	2	3	4

【問題解説】

1 目を閉じて腕組みをしているのは，自分の中で，何かをじっと考えているように見えます。あなたは考えているときに，どのような格好になるでしょうか。 → D

2 もじもじしているときは，言いたいけれど，これを言ったらほかの人にどんなふうに見られるかと，ためらっていることが考えられます。 → A

3 左右バラバラの靴下，ぼさぼさの髪は，寝坊したと考えられます。寝坊してパニックを起こすことはよくあると思います。 → B

4 だれにでも，あまり話したくないときはあります。体調がよくない，話したくない話題である，そんなときは，応答も不愛想になるのではないでしょうか。 → C

対話上の諸問題への対処法

ヘルピングの対話を進めていく途中で起こりがちな場面や状況を説明し，それへの対処法をアドバイスするのが本節のねらいです。よくありがちな場面が5つあります。(1)時間がきても切り上げにくいとき，(2)私的感情が高まってきたとき，(3)話が堂々巡りとか行きづまったとき，(4)抵抗を起こされたとき，(5)沈黙しがちなとき，です。順に説明します。

1 面接の切り上げ方

これからアルバイトに出かけたいのに，相手がいつまでも話しこむので切り上げられないときはどうしたらいいのでしょう。藁(わら)をもつかみたい気持ちで話している人に，「また会いましょう」では愛想がありません。

今日はバイトの日だと思えば,「今日は3時15分までOKだからどうぞ」と最初に予告しておくことです。そして定刻5分前になったら，「そろそろ時間がせまってきたので……」と前置きしてから，その日の話を要約し，何かアドバイスやリファー（他への紹介）をするとか，ある特定の本を勧めるとかします。何もないまま，「時間がきましたので……」と言うと，相手は少し事務的で突き放された感じを受けるからです。

それでも相手の話が続くときは，「その話は大事な話だから，来週のこの時間にぜひ続きを聞かせてくださいね」と伝えます。「聞く気は大いにある。けっして聞き流しているわけではない」ということを，それとなく伝えるのです。

それでも話が止まらないときは，「ごめんね，これからアルバイトがあるので……」と告げつつ立ち上がり，「来週また会おうね」と言って握手するのです。拒否された感じを与えずに分離するのが，その要点です。

2 私的感情

「この人しつこいなあ」「話が長いなあ」など，いやな感情がわいてくると，相手に対してつっけんどんになったり，しんらつな言葉を返したりしがちです。あるいはその逆に，慇懃無礼（ていねいすぎて，かえって無礼に感じられる）になりがちです。つまり，よそよそしさを隠したフレンドリィな態度をとりがちです。

こうした不快感があるときは，その不快感を認めつつ，「要するにこの人のためになることをする」という一念に徹するようにします。不快になるべきではないと思うと，必要以上に愛想よくふるまうことがあります。これは反動形成といって，「弱い犬ほどよくほえる」という，受け入れがたいこととは逆の表現をしてしまう心理のことです。

もしゆとりがあれば，なぜ自分は不快なのか，いやな感情がわいてくるのかを自己分析するとよいでしょう。「自分が無視されている感じがするからだ」「自分は結論から先に言う人が好きだからだ」といったぐあいに気づきがあると，不快さが減少します。

不快の逆に，好意が生じることもあります。好意をもちすぎると，「あばたもえくぼ」に見えるので問題の核心がつかめなくなることがあります。あるいは相手からも好意がほしくなり，お世辞を言いたくなります（社交会話ならOKですが）。異性の場合，さらに好意がつのるとデートに誘いたくなります。しかし，これはヘルピングが一段落してからの話です。ヘルピングの最中は，相手のためになることだけに専念するのが倫理です。

ここでひとこと付け加えます。困っているときは人に依存（甘える）しますから，依存されたほうは「この人は私に甘えてくるほど私を好いている」と思いがちです。ところが，困っている状況から脱却すると依存の必要がなくなるので，甘えなくてすむようになります。つまり，「ヘルピングのときは素直なかわいい人だと思っていたのに……」と，あとで幻滅することがありうるのです。「I need you.（あなたなしには生きられない）」と，「I love you.（あなたなしでも生きられますが，あなたと人生を共にしたいのです）」とを，混同しないことです。

3 話が進展しないとき

話が先に進まないときがあります。表面的な話題に終始するとか，同じことの繰り返しとか，人のことばかりで自分自身のことは語らない，などがそれです。

そういう場合は正直に「ところで私は話が堂々巡りみたいな感じがするのですが，あなたはどういう感じですか？」と聞いてみることです。もし相手もそう感じているらしいとわかったら，次のことを点検することです。

① リレーションはあるか。ひょっとして相手は私にまだ心が開けない状態ではないか。こわいとか，冷たい感じがするとか，頼りない感じがするとか，いくつか心あたりのことを相手に確認してみるとよいでしょう。

② 問題のとらえ方にギャップはないか。相手は友達のことで相談に来たのに，私は生き方の問題としてとらえたので，「場違いなところに相談に来た」と思っているのではないか。このように自問自答し，相手にもそれを確認することです。

③ 方法は適切だったか。ヘルピーの中には，「ヘルパーから意見を聞きたいのに，話を傾聴するだけで何の助言も得られないのが不満だ」

ともらす人もいます。こういうときは対応の仕方をもう少し能動的に，自己開示志向に切り替えたほうがよいかもしれません。

以上3点をヘルピーと話題にして，「旅の道づれ」としての方法を吟味することです。「ちょっとコンビニに立ち寄りたいから付き合ってよ」「うん，いいよ」といった感覚で軌道修正するわけです。

4 抵抗

抵抗を起こすとは，ヘルピーが，ヘルパーあるいはヘルピングを拒否することです。あまりに図星を指されたので不機嫌になるとか，プライベートな部分はどうしても話したくないのでその日になってから約束をキャンセルするとか，約束を反故（ほご）にできず義理で会いに来たので雑談で時間つぶしをするとかが，抵抗の例です。

ヘルパーにすれば，せっかく親切心で対応しているのにと，ヘルピーに対して不快になることがあります。相手のためにと思って言ったこと，したことが裏目に出て，邪険にされることも，ありうることです。

こういう場合に注意したほうがよいのは，自分は何か悪いことをしたと，自責の念にかられて落ち込まないことです。世の中には自分のことを棚に上げて，人の責任にする人がいます。気の弱いヘルパーやお人好しのヘルパーは，「ポストが赤いのも，電信柱が高いのもすべて自分の責任だ」と自分を責めがちです。これには注意したほうがよいと思います。

ヘルパーの側に特に思いあたるふしがないのに，ヘルピーが抵抗を起こすのは，だいたい次の3つのいずれかに原因があります。

第1は，「恥ずかしい」「申しわけない」「笑われたくない」という心理に由来します。例えば，家族の恥をさらしたくない，父母の悪口を言うのは申しわけない，いじめ体験を語って仲間から愛想をつかされたくない，といったプライド志向のものです。

第2は，損得計算に由来するものです。正直にしゃべったことを口外されたら停学処分になり損をする，こんなヘルパーと会話しても時間がもったいない，これ以上正直にしゃべるとヘルパーとけんかになるかもしれない，といった現実志向の抵抗です。

第3は，快楽に引きずられてのものです。例えば，ヘルパーとの約束を忘れて友人とのおしゃべりに熱中したため30分遅刻してやって来た，朝起きるのがつらいので風邪をひいたことにする，といった快楽志向の抵抗です。

もし上述の理由が見あたらなければ，ヘルパー自身の対応の仕方を点検します。相手のいやがることを無理に話させたのではないか，聞き方が不十分で不適当な応答をしたのではないか，解釈（推論）めいた応答が多すぎたのではないか，ルール（例．時間，方法など）をきちんと取り決めなかったのではないか，ものの言い方や立ち居振る舞いに問題はなかったか（例．冷たい，事務的，高踏的，断定的，評価的，自己顕示的，支配的，受身的など）などを点検します。

点検しても「これだ！」というものが発見できないときは，仲間のピアヘルパーに状況や経過を語り，「何か私の改善点に気づかない？」「何かあれば教えてほしいんだ」と聞くことです。どんぐりの背くらべ同士でも，役に立つコメントがもらえるのではないでしょうか。

5 沈黙

口の重い人とか，話が途中で途切れがちな人には，どう対応したらいいでしょうか。

沈黙といっても，心の中での動きのある沈黙にはゆっくり付き合うことです。例えば，あることを言いたいのだが言葉がすぐ見つからない場合（言葉を探している沈黙），ヘルパーに言われたことを心の中で吟味している沈黙，悲しみがこみあげてきたので感情が静まるまで待っている沈黙など，こういう場合は「どうしたの？」とせわしくしないことです。

なかなか言葉が出てこない様子のときに，誘い水のつもりで「いい言葉，見つからない？」とか「悲しいよねえ」と声をかけるとよいでしょう。

ところが上述のような「(話したくて来たのに)話せない沈黙」のほかに，「話したくない沈黙」があります。まだ親しい間柄になっていないので話がはずまないのがその例です。こういうときには，いきなり本題に入らずに，世間話（雑談）でリレーションづくりをすることです。あるいはキャンパスや公園のベンチに腰かけて話すとか，散歩しながら話すのも気持ちがほどけるものです。

それでもまだ会話が進まないときは，会話に頼らないことです。すなわち「ゲームをする，卓球をする，ドライブする」など，非言語的交流を試みるのです。会話はなくても行動を共にすることによって情がわきます。親子が一緒に入浴するのと同じ原理です。

こういうわけで，ヘルピングには社交会話とは違った気遣いと工夫が必要です。しかしこうした配慮をすることが，自分の生き方を豊かにしてくれるのです。豊かな生き方をする人とは，自分のことしか考えない人ではなく，人とのかかわりのなかでの生き方を工夫する人という意味です。

テスト問題

問 次の文章の中から適切なものを１つ選びなさい。

1　公園のベンチに腰かけてヘルパーとヘルピーがアイスクリームをなめながら話しあうようなことはすべきではない。

2　ピアヘルパーはプロのカウンセラーのように１回 50 分の面接を週１回ずつ重ねるという方式に固執しない。

3　相手が沈黙していてもゆっくり待つのがピアヘルパーの常識である。

4　ピアヘルパーはヘルピーに対して私的感情を表明するのをためらうべきではない。いつでもどこでもだれに対しても自己開示するのがピアヘルパーである。

解答欄	

【問題解説】

1　ヘルパーとヘルピーは仲間同士で，困っているときにお互いに相談できるのが，ピアヘルパーの特徴です。アイスクリームをなめながら会話することは何の問題もありません。よってこの内容は不適切です。

2　ピアヘルパーはプロのカウンセラーではないので，１回 50 分の面接を週１回重ねることはありません。よってこの内容は適切（正解）です。

3　沈黙しているときにゆっくり待つことは，心理療法などで行われます。皆さんはピアヘルパーですので，「いまは言いたくない気分なのかな」「話したくなったら言ってね」などと声をかけるとよいかもしれません。またそのうち話せるときが来るかもしれませんから。よってこの内容は不適当です。

4　いつでもどこでも自己開示をしていたら，抑制力のない，子どものよう人だと思われます。相手のためになることを話すのが，ピアヘルパーの自己開示です。よってこの内容は不適当です。

〈解答〉　**2**

5 問題への対処法

ヘルピングの3段階の手順を「コーヒーカップ方式」として話しました(1章5節)。1段階目では，まずリレーションをつくります。リレーションができると互いに話しやすくなるので，何が解くべき問題かがはっきりしてきます。これが2段階目です。問題がはっきりしてきたら，3段階目として，この問題を解決するにはどうするかを考えます。そして，1段階と2段階のための技法として，言語的技法，非言語的技法，対話上の諸問題への対処法を解説しました。

さて本節では，3段階目について詳説します。おもな対応策が6つあります。リファー，ケースワーク，ピアスーパービジョン，コンサルテーション，具申，個別カウンセリング方式のヘルピング，です。ピアヘルパーはこれらの中のいずれかを，無理のない程度に行えばよいと思います。

1 リファー

リファーとは自分の手にあまる問題の場合，しかるべきほかの適任者に援助を依頼することです。自分を頼ってきた人をほかに回すのは相手を見捨てたことになると思い，自分の力量以上の問題を抱えこむことがあります。これは注意したほうがよいと思います。できないことを引き受けるのは倫理に反するからです。そこで，次に述べるような場合にはピアヘルパーは深入りせず，ほかにリファーすることをすすめます。

⑴ 常識では理解できないとき

自分は正常だが世間がおかしい，今朝のテレビで私の悪口を言っていた，葬儀の最中に１人で笑っていた，先週のことを昨年の出来事のように語る，周りの人に見えないものが見えるなどと，ヘルピーが言う場合。

こういう場合はピアヘルパーが精神科医に直接リファーするのではなく，手順としては，まず学生相談室のプロのカウンセラーに連絡相談することです。本人に「あなたは精神疾患のようだから精神科でみてもらったほうがよい」と告げないことです。そういう診断をするほどの訓練と資格を，ピアヘルパーはもっていないからです。

⑵ ヘルピーが体調不振のとき

「ここ数カ月，頭痛が治らないんだ」と言う仲間に，心身相関の医学の授業を聞いた学生が「それは怒りを抑圧しているからだ」と解釈することがあります。つまり，その頭痛は心理的なものだから，医者からの薬を飲んで治るものではないという含みがあります。

しかし実際には，身体的な原因で頭痛になることもあります。これは医師でないとわかりません。それゆえ体のことについては，素人のピアヘルパーがコメントしないのが倫理です。簡単に「それは気のせいだ」と言わないことです。まず，「医師にみてもらった？」と聞くことです。

⑶ 重い心理的問題のとき

エレベーターのような狭いところがこわい，デパートの屋上にあがれない，ガスの元栓を閉めたか何回も確認するくせがあって困っている，といった問題は，心理療法の素養のある人（サイコセラピスト）にリファーします。これもまた，学生相談室のスタッフに連絡して相談にのってもらえばよいでしょう。

⑷ 性格・体験の限界を感じたとき

深入りしないほうがよい第４の場合は，自分の性格や体験が邪魔してヘルピングしにくい場合です。

「下級生（年少者）の相談にのるのはうまいが，同輩相手にはうまくいかない」「同性相手のときはスラスラ話せるのに，異性相手になると頭の回転が悪くなる」といったように，ヘルパーの「得手不得手」がある場合は無理しないほうがよいと思います。自分を生かしやすいヘルピングでないと相手にも失望を与えがちです。

また自分の「好み」とか「得手不得手」の問題でなくても，深入りしないでほかにリファーしたほうがよいことがあります。それは自分の体験不足のために，相手の心情がよくつかめそうもないときです。信仰上の悩みを聞くのに，自分自身が信仰体験のある人が聞くのと，ない人が聞くのとでは，聞く人の響き方が違うと思うのです。自分が中学生のころ，非行体験のあった人となかった人とでは，非行少年の訴えへの響き方に差があると思うのです。こういう体験の差がありすぎて話がかみあわないと思うときは，しかるべきヘルパーにリファーするのが対応策の１つです。

しかし，こういう対応もあります。ヘルピーから自分の知らない人生を教わるのだという気持ちで接する方法です。ヘルピーとしては，自分の人生をわかろうとしてくれる人がいるという感情体験ができるよさがあります。この感情体験が自己肯定感を高めてくれます。

2 ケースワーク

これは外堀を埋める方法です。相手の心そのものにふれないで，「環境を修正して助ける」ことです。

ケースワークの方法には，3つのタイプがあります。

例えば，友達のいない1年生に，同じ県出身の2年生を紹介すると，「赤の他人」とみえたキャンパスが「身内のいるキャンパス」になります。泊まるところのない仲間を一晩自宅に泊めるとか，安いアパートを一緒に探し歩くなども同じです。これら具体的に何かをサービスするタイプのケースワークが，第1のタイプです。

第2のタイプは，人的・物的環境を修正する方法です。例えば，夜中に仲間から「死にたい！」と電話がかかってきたとします。応急処置として，「電灯をつけろ，テレビをつけろ」と周りを明るくすることを指示した後，携帯を切らずに話をし続けます。部屋が明るくなり，人と話していると，死ぬチャンスを奪われることになります。友達や実家の親に，すぐ学生のアパートにかけつけてもらいます。

第3のタイプは，転地療法ふうのケースワークです。アパートを移したら自室が悪友たちのたまり場にならなくなったとか，転科したところ授業が楽しくなり通学するようになった，というのがその例です。

このように，ケースワーク的援助の特徴は，能動的で具体的で現実的なことです。学生同士がヘルプし合うのには適した方法と思われます。

3 コンサルテーション

コンサルテーションとは，情報提供と助言の総称です。

例えば，「○○の分野で夜間大学院はないかなあ」と仲間に問われ，「先輩の△△さんがそこで修士号をとったので紹介してあげよう」と応じたとします。これが情報提供の例です。ピアヘルパー自身が情報をもっていないときは，情報のありかを教えるか，探し方などを紹介するだけでも立派なヘルプになります。

助言（アドバイス）は，情報提供よりもっと突っ込んだ援助です。「～したほうがよい」「～しないほうがよい」と意見を述べる方法です。説得的要素が強い援助法です。それゆえ慎重にしないと，あとで相手にうらまれることもありうることです。「あのとき，きみが転科に反対したけれど，やはりぼくは転科すればよかった」と，40歳になってからクラス会でぼやかれても困ります。

そこで助言するときは，けっして相手に押しつけないことです。押しつけてもよいのは，生命の危機に関係のあるときだけです。例えば「今日の波は荒れているからヨットに乗るな」といった場合です。生命に直接関係ないときは，「〜と私は思うけどね」「〜という方法についてきみはどう思う？」「○○と△△と比べてどちらのほうがきみの人生にとってはプラスになるか，損得計算してみないか」と，マイルドに（ヘルピーが拒否しやすいように）意見表明するのが助言するときの留意点です。

「私の言うとおりにすれば間違いない」とか「私に任せなさい！」といったセリフは言わないことです。人生は不安定・不確実ですから，何ごとも保証できないのが特徴です。それゆえ，万が一を考えるとなかなか断定的には言えないものです。

4 ピアスーパービジョン

仲間に「箸のあげおろし」を教える援助法です。先輩と会話するときの敬語の使い方，面接試験のときの服装，クラスでプレゼンテーションするときの話し方などについて助言を求められても，普通の会話なら「上出来ですよ」程度の社交辞令ですませます。

しかし，ピアスーパービジョンでは，正直によかった点と改善点を指摘します。「声は聞きやすいのだが，人が黒板の字を写し終えてから話すともっとよかった，うつむいて字を書きながら人の話を聞くのはあまり頭に入らないのじゃないかなあ」といったぐあいにです。

ピアスーパービジョンは，ヘルピーが何かコメントしてほしいと望んだらして返すものです。望まれてもいないのに仲間にコメントするくせをつけると，一言居士（いちげんこじ）（ひとこと言わないと気のすまない人）になってしまいます。

5 具申

具申とは，組織の長に規則や運営や組織の修正の意見を述べることです。人間の悩みの中には，過去の体験や自分の性格・考え方に由来するもののほかに，自分の属する組織（学生なら学校，社会人なら職場など）に問題があって，そのしわよせで各個人が悩むということがあります。所属する学校に転科の制度がないために，嫌いな学科に4年以上在籍してもまだ卒業できないという悩みがその例です。そのような問題について，一般学生になりかわって組織の長に提言するのもピアヘルパーの仕事です。

「衆生病む。ゆえにわれ病む」という仏教の言葉があります。ピアヘルパー個人に転科できない苦しさはなくても，周りにそういう人がいれば，自分のことのように心が痛む人であってほしいと思います。大学に提言せずにはいられないほどに情と行動力のある「衆生病む。ゆえにわれ病む」であってほしいと思います。

6 個別ヘルピング

これは環境を変えても効果がない，情報提供や助言が役に立つ問題でもない，組織の問題でもない，どう考えても本人の心の中の問題であり，いますぐに快刀乱麻を断つ（鮮やかに解決できる）ように解ける問題ではなさそうだ，というときの対応です。例えば親を失って落ち込んでいる仲間には，支持的に共感的に話し相手になってあげるより援助のしようがありません。「私をケアしてくれる人がいる」「私に好意をもってくれている人がいる」という意識が人を元気にするのです。

最後にひとこと付け加えます。「あれだけ一生懸命世話させていただいたのに，相手にはたいした役に立たなかったようだ。私はだめだ」と思わないことです。「私はベストをつくした。あのときの私はあれが精一杯だった。次のときにはまたマイベストでやろう。18歳のマイベストより19歳のマイベストのほうが，少しは上質になっているだろう」と自分のビリーフを修正することです。私利私欲なしに誠実に人をヘルプしたときは，結果のいかんを問わずヘルピーは感謝してくれるものです。技法だけのヘルピングにならないようにしてください。技法を補うものは誠実さです。

テスト問題

問　次のような対応を何というか。適切なことばを語群から選びなさい。

1　教授が研究室を引っ越すというので，荷物運びを手伝ってあげた。

2　高所恐怖のある仲間に心理療法の素養のあるカウンセラーを紹介した。

3　教室のマイクのひびきが悪いので，教務課に改善を要請した。

4　忘年会の司会で座を盛りあげる話法を教えてくれというので，後輩にアドバイスしてあげた。

〈語群〉　A　リファー　B　ケースワーク　C　コンサルテーション
D　ピアスーパービジョン　E　具申
F　個別カウンセリング方式のヘルピング

解答欄	1	2	3	4

【問題解説】

1　物理的・労力的に，実際にサービスをするのがケースワークです。福祉関係者はこの発想が豊かです。　→　B　ケースワーク

2　自分の手にあまる問題を適任者にバトンタッチするのがリファーです。ここでは専門のカウンセラーを紹介しているので　→　A　リファー

3　組織運営や組織修正の意見を述べるのが具申です。　→　E　具申

4　教えてほしいという仲間からの要望に応えて教えてあげるのが，ピアスーパービジョンです。　→　D　ピアスーパービジョン

自分の手にあまる問題をリファーするためには，リファー先とふだんからコンタクトを保てる程度の社交性が，ピアヘルパーに必要です。具申においては，そのうちだれかが伝えてくれるだろうと放置せず，「私が言いに行ってくる」といった気概も必要になります。カウンセリング関係者には人に教えることをためらう人もいますが，スキルで困っている場合には，やり方を教えてあげるほうが人助けになることがあります。

6

ピアヘルパーの心構え

前節までに述べてきたピアヘルピングの技法を要約すると次の４つになります。⑴言語的技法，⑵非言語的技法，⑶対話上の諸問題への対処法，⑷問題への対処法です。

さて，これらの技法を用いるときの心構えが３つあります。

「なおそうとするな，わかろうとせよ」「言葉尻をつかまえるな。感情をつかめ」「行動だけを見るな，ビリーフをつかめ」の３つです。

心構えとは，言いかえればピアヘルピングの思想ということです。

技法の背後には，それを使う私たちの思想が必ずあります。ロジャーズの表現を拝借すると次のようになります。

The way to do is to be　　A way of being

これは，「技法とは人柄（その人の生き方，あり方）の表現である」という意味です。要するに，ヘルピングの技法はたんなる社交術とか会話術ではなく，ヘルパーの人生態度，対人態度の表現法であるといいたいのです。

1 なおそうとするな，わかろうとせよ

「この人を愛想のよい人にしよう」とか「なまけ者を勤勉家にしよう」と，張り切って対応すると意外に効果がないようです。なぜこの人は無愛想なのか，どんな気持ちでブスッとしているのか，なぜこの人はなまけ者なの

か，どんな気持ちでなまけているんだろうということを，「わかろう」と思って対応したほうが，状況が変化する率が高いようです。

それは，「なおされる」「変えさせられる」ということは，ヘルピーにとって「いまのあなたのやり方はだめだからやめなさい」と，自分を否定された感じがするからです。これは不快です。「なおせるものならなおしてみろ！」と言いたくなるものです。

それゆえ，いっそのこと相手の身になりきることで，「人生が面白くないんだろうなあ」「人がケアしてくれるはずだと思い込んでいるんだろうなあ」と，相手の心的世界をわかろうとする姿勢で臨むことです。この姿勢をワンネス（oneness）といいます。

ヘルピーにすれば，自分をわかってくれる人がいるということだけで，生への意欲がわいてきます。「士は己を知る者のために死す」（立派な人間は，自分の価値を知って待遇してくれる人のためなら，命をなげうって尽くすものである）という言葉があるほどに，人にわかってもらうのはうれしいこととなるのです。

ワンネスを身につけるには，普段からいろいろな人生体験をすることです。箱入り息子（娘）は，人生体験がとぼしいので人の心情がつかめないことが少なくありません。いわゆる苦労人（金や愛情や人間関係で多様な感情体験をした人）は，人の気持ちへの察しがよいということです。

豊かな暮らしの体験しかなかった人は，日常生活でなるべくさまざまな人から耳学問することをお勧めします。例えば，親を失った人，経済的に苦労した人，いじめられた人，やんちゃだった人，浪人した人，高齢者などの話を聞くことです。間接体験でも少しは他者理解のたしになります。本を読むだけで人の心情がピタリとわかるのは無理のようです。

両親の離別とか，転校していじめられたとか，アルバイトで家計を支えたとか，さまざまな過去の感情体験は，ピアヘルパーの察しのよさ（感受性）に役立ちます。ただし，こういう体験を自分なりに上手に乗り越えていないと（引きずっていると），コンプレックス（心のゆがみ）になって，自分も他人も不幸にすることがあります。それゆえ，苦労した人はだれでもピアヘルパーに向いているというわけではありません。

2 言葉尻をつかまえるな，感情をつかめ

ヘルピーの中には，理路整然とまくしたてる人がいます。非常に頭が整理されているのに，なぜ不幸な人生を歩んでいるのでしょうか。

多くの場合，ある感情を制御しようとして夢中になっているのです。例えば，上司がこわいので，しかられないために理路整然と話しているのです。ほんとうはそう思っていないことでも，そう思っているかのごとく論陣（ろんじん）を張ります。これが習慣になると，ほんとうの自分がつかめなくなります。これでは感性豊かな人生にはなりにくいのです。このような人は理屈（言葉）の裏にある感情がつかみにくいので，ヘルピーの理屈に対してヘルパーも理屈で対応することがあります。

しかし，人に認めてほしい一心で理屈を言う人には，「それは違うよ」と知的に対応しないで，「あなたは偉いなあ，よく勉強しているねえ」と認めてあげることが必要です。これが「言葉尻をつかまえるな，感情をつかめ」ということです。

例えば，言いわけばかりする部下に，上司が「おれにしかられると思ってこわがっているようだが安心しろ」とひとこと言えば，言いわけをやめます。しかし，言いわけそのものを粉砕しようとすると，言いわけを繰り返すことになります。

ヘルピングは，理屈で対応するより，感情にふれる姿勢を大事にします。ということは，人の感情のわからない人（例．かたぶつ，わがまま者，鈍感な人）は，ヘルパーになる前にグループエンカウンターに参加するとよ

いでしょう。世の中にはさまざまな感情があることがわかるからです。

ところで，上司がこわいから言いわけをしている部下の例をあげて，言いわけ（言葉）を取り上げないで，「こわいという感情を取り上げたらよい」と前述しました。

「この人はこわがっているのではないか」というわかり方は，人の心を読み取るわかり方です。冷静にながめて考えるわかり方です。これと対照的に，前項のワンネスのわかり方は，「なぜこの人は言いわけばかりするのかなあ」「どんな気持ちで言いわけしているのだろう」という相手の身になって相手の感情を共有するわかり方です。

欲をいえば，ピアヘルパーは「相手を観察するわかり方」と「相手の身になるわかり方」の２つがこなせると最高です。

3 行動だけを見るな，ビリーフをつかめ

人の心がわかるとは，その人の感情がわかるとともに，その感情を生み出しているビリーフ（考え方）がつかめることです。

さきほどの例で，部下の「こわい」という感情がどこからくるかというと，「上司にしかられることに耐えられない」とか「しかられるのはダメ人間だ」といったビリーフに由来していると考えられます。すなわち，私たちの幸・不幸はビリーフによって決まるといえます。状況（しかられる）そのものが人を不幸にするのではなく，その状況をどう受け取るか（ビリーフ）が人生の幸・不幸を決めると考えるわけです。

例えば，人付き合いをしない青年の中には「雑談は時間の浪費である」というビリーフの持ち主がいます。一方では「むだの効用というものがある」というビリーフの持ち主もいます。したがって，人を理解するとは，感情だけでなく感情の元になっているビリーフをつかむ必要があります。

ビリーフとは一種の人生哲学です。ピアヘルピングの仕事は多様な人生

哲学にふれる仕事ですから，自分の人生哲学を練る機会にもなります。

以上を要約すると，対人関係をもつとは，⑴相手のあるがままを受け入れ（説法者，べき論者にならない），⑵相手の感情にふれる対応ができ，⑶相手の人生哲学とエンカウンターできる自分の人生哲学をもつこと，となります。こういう基本姿勢のうえに技法が成り立っていると考えてください。

テスト問題

問　次の文章の中から「なおそうとするな，わかろうとせよ」の解説文として適切なものを１つ選びなさい。

1　相手の気持ちがよくわからないのに，「ああせよ，こうせよ」というのは時機尚早すぎる。

2　人をなおすのは医師だけである。医師以外の人はカウンセリングをしてはならない。

3　わかることを共感的理解という。共感的理解ですべての問題は解決できる。

4　カウンセリングやヘルピングのおもな内容はシェアリングである。シェアリングとは，わかろうとする姿勢のことである。

解答欄	

【問題解説】

1　ピアヘルパーは，ヘルピーの心の世界をわかろうとする姿勢が大切です。相手の気持ちを理解してから問題解決に進みます。よって適切（正解）です。

2　診療は医師の仕事ですが，カウンセラーはクライエントの話を聞くことができます。手にあまる問題であれば，適切な人にリファーできるからです。よって不適切です。

3　ロジャーズ派の中には，共感的理解ですべての問題が解決できると考えている人がいるかもしれませんが，折衷主義（特定の学派に固執しない立場）が主流の今日では，このような考えをしません。よって不適切です。

4　構成的グループエンカウンターが終わった後に感想を述べあうことをシェアリングと言います。シェアリングの基本は自己開示になります。わかろうとする姿勢（他者理解）は，その次に行われます。よって不適切です。

〈解答〉　**1**

7 ヘルピングスキルの上達法

ピアヘルパーはプロのカウンセラーではない，旅の道づれであると述べました。しかし旅の道づれにはある程度の技法――ヘルピーのためになる対応の仕方――が必要です。

好意があっても技法がないと，かえって相手を困らせることがあります。ありがた迷惑，ひとこと多い，老婆心（親切心）がたりない，介入のしすぎ，といった評判がそれです。

ヘルピーを困らせないピアヘルパーになるためには，対応の仕方・技法が課題となります。そこでヘルピングスキル（ヘルピングの技法）を向上させるにはどうするかについて，この最終節でふれようと思います。

1 スキルを向上させる方法

⑴ オブザーベーション（観察）

スキルを身につけるには，まず人のしているところを見ることです。門前の小僧になることです。模倣の対象（お手本）をもつかもたないかで，スキルの上手・下手がある程度決まると思います。

「して見せて，言ってきかせて，させてみて，ほめてやらねば人は動かじ」とは，山本五十六（連合艦隊司令長官）の提言といわれています。ピアヘルパーの指導者は，必要に応じて実際の面接場面を学生に見せたり，学生がビデオを見て学んだりできるようにしてください。

仲間同士の研究会で上級生の面接風景をロールプレイで見るとか，ボランティアとして出入りしているセンターでプロのカウンセラーの電話対応などを見ているうちにも，スキルになじみが出てきます。本をただ読むだけでは身につきません。

⑵　ロールプレイ（寸劇法）

見学・観察などの模倣法で，ある程度スキルの要領がわかってきたら，実際にそれを使う練習をすることです。ところが，いきなりでは下手な対話で相手を傷つけるおそれがありますので，それを避けるためロールプレイ（寸劇法）を用いることを勧めます。やり方は次のとおりです。

大学をやめようか，どうしようかと迷っている学生の役を演ずる人（A）と，その学生の高等学校時代の先輩の役を演じる人（B）とが対話します。時間は3分ほどで，慣れたら，5分，10分，15分と延ばしていきます。

終わったら，ヘルピー役の人（A）は，ヘルパー役の人（B）の対応の仕方でよかった点と改善点を，口頭か質問紙法（アンケート）で表現します。観察者（C）も，2人の対話を見ていて感じたことを伝えます。最後に，ヘルパー役を務めた人（B）が自己評価します。

初歩段階では「受容・繰り返し・明確化・支持・質問」という技法から評価し，その次には，リレーションづくり→問題の把握→問題の解決というヘルピングの流れ（プロセス）から評価します。

さらにスキルをあげるためには，意図的にある場面をつくって，それをどう乗り越えるかを，仲間の前でロールプレイしてみせるとよいでしょう。

意図的につくる場面とは，例えば，次のようなものです。

「同室の仲間が夜遅くまでテレビを見ているので，勉強できないで困っている」ということを，相手を傷つけないように告げることを相談している場面。あるいは，門限のうるさい父親に「あと30分門限を延長してほしい」と交渉することを相談している場面など。

自分たちの日常生活で遭遇しがちな問題にどう対応するかを，仲間の前でヘルパーとヘルピーとしてロールプレイで示すわけです。そして，観察者からもコメントをもらい，討議するのです。つまり，仲間同士のスーパービジョンです。これなら心理学の先生やカウンセラーが付き合ってくれなくても，学生だけの研究会でも実施できます。

ところで，ヘルピングスキルを自由に駆使できるためには，ヘルパーが当意即妙（とういそくみょう）（その場に適した機転のきいた反応を示すこと）の対応ができる自由人であることが大切です。自由人（とらわれの少ない人）になるのに効果のある体験の 1 つとして，構成的グループエンカウンターがあります。

⑶ 構成的グループエンカウンター

構成的グループエンカウンター（SGE）は，スキルの訓練の場ではなく，ふれあいと自己発見を体験学習する場です。カウンセリングの研修会ではありません。しかし，これをピアヘルパーの方々に勧めたい理由は，ふれあいとはどんなものかを体験している人のほうが，心のふれあうヘルピングがしやすいし，自己発見の体験をしている人のほうが，相手の自己発見を手伝いやすいからです。

そのほかに，SGE を体験するとグループの扱い方（リーダーシップ）も，その要領が身につきやすいと思います。特に最近は，セルフヘルプグループの運営が世の中の人に関心をもたれているので（例．教師のサポートグループ），SGE はグループを扱うスキルの体験学習の場ともいえるようになりました。

以上がピアヘルパーの方々のスキル向上への提言です。しかしたぶん，これからは，ピアヘルパーの中から教育カウンセラーやプロのカウンセラーをめざす人も続出するでしょうから，その準備のためにさらにスキルの上達を図る方法を紹介します。

2 さらなるスキルアップを図る方法

さらなるスキルの上達を図るには，教育カウンセラーやプロのカウンセラーから，次に述べるスーパービジョンとパーソナルカウンセリングを受けるとよいでしょう。

(1) スーパービジョン

スーパービジョンを受けるねらいは，自分の対応の仕方の「長所と改善点」に気づくことです。

人間はだれでも自分で自分のことを客観的にみるのはむずかしいものです。「自分は沈黙を待てず，すぐに毒にも薬にもならぬ発言をして時間の空白をうめる傾向がある」ということを，第三者に指摘されて初めて気づくのがその例です。自分の傾向に一度気づくと，その後は意識して行動しますから，自分のくせにふり回されなくてすみます。

スーパービジョンで取り上げるのは，個人の性格上のくせ（例．せっかち，舌たらず）ではなく，ヘルピーへの対応上のくせ（例．質問が多すぎ，共感性の表明が足りない）です。つまり，自分のくせに気づくことでスキルを修正させるものです。

スーパービジョンを受けるとき，特に指導を受けたほうがよいことが2つあります。1つはストラテジー（戦略，方針）の立て方です。ヘルピーと数回は会ったほうがよいのに1回限りで別れてしまった，SGEのようなグループに誘うよりは個別的に対話したほうがヘルピーのためになるかもしれない，といったような判断をするのが，ストラテジーを立てるということです。

ストラテジーを磨くには，何をどう読み取るか（これをアセスメントといいます）の指導を受けることを勧めます。読み取り方は，事例研究会にしばしば出席すると身についてきます。

次に，スーパービジョンで特に指導を受けたほうがよいのは，スキル（技法）の使い方です。

プロのカウンセラーに必要なスキルは，ピアヘルパーよりも多岐にわたります。どういう場合にシェーピングを用いるか，どういうときに脱感作法は有効かなど，対処のときの技法の使い方・選び方をスーパーバイザーから教わることです。

教わるといっても，授業で一般論を教わるのと違い，「この場合はどうするか」ですから，スーパーバイザーの立場（例．精神分析的か行動カウンセリング的か，あるいは論理療法的かロジャーズ的か）によって指導内容に違いがあります。似た事例でも，スーパーバイザーによって指摘の仕方，助言の内容が違います。それゆえ学派の違う複数のスーパーバイザーに指導してもらうと柔軟性あるヘルパーになれます。

スーパービジョンの方法は，スーパーバイザーによりけりです。事例をレポート様式にしたものを事前にスーパーバイザーに提出してから指導を受ける方法，手ぶらでスーパービジョンに臨みスーパーバイザーの口頭による助言を聞いて自己検討する方法，またグループ方式のスーパービジョンもあります(例，事例研究会)。これは一種のピアスーパービジョンです。

スーパービジョンは，できればプロのカウンセラーや上級教育カウンセラーから３～５回は受けておくとよいでしょう。カウンセラーになるための本格的なスーパービジョンは，週１回（50分）ずつ半年から１年くらい受けるとよいのですが，ピアヘルパーがスキルアップのために行うのにはそこまで必要ではありません。

(2) パーソナルカウンセリング（教育分析）

パーソナルカウンセリングとは，プロのカウンセラーになるための必須体験です。特に悩みがない人でも，パーソナルカウンセリングを受けることによって，自分は若年寄であった（中高年者に好かれる整いすぎた青年の意）とか，自分には自己肯定感が足りなかった，などに気づくでしょう。

しかし，これにはもう１つの利点があります。自分がカウンセリングを受けてみて，「なるほど支持とはこういうものなんだ」「時間の切り上げ方はこうするものなんだ」とよくわかることです。ヘルピーとしてのスキルの体験学習になります。

どの先生にスーパービジョンや教育分析を受けるかは大事なことです。自分の師匠を選ぶことになるからです。すなわち自分の模倣の対象を選ぶことになるからなのです。

テスト問題

問　次の文章の中から適切なものを2つ選びなさい。

1　ヘルピングはカウンセリングと違い，面談のスキルは不要である。人柄だけでヘルプするのである。

2　ヘルピングが上手とは，ストラテジーの立て方が上手で，そのための観察のスキルも適切ということである。

3　スーパーバイザーとは教育分析を担当する指導者のことであり，教授でないとなれない職である。

4　スーパービジョンには，自己盲点に気づくという意味がある。

解答欄		

【問題解説】

1　プロのカウンセラーほどでないにしても，ピアヘルパーにもスキル（技術）は必要です。スキルがなければ人柄も伝わりません。よって不適切です。

2　ストラテジー（対応の基本方針）の立て方が上手になるためには，アセスメント（状況の読みとり）の訓練が必要です。また，そのために観察のツボを知ることが大事になります。よってこの文は適切（正解）です。

3　スーパーバイザーはカウンセラーにスキルを指導します。教育分析は，臨床技量の向上を目的に，カウンセリングや心理療法，精神分析を，自分自身が受けることを言います。また，教授ではなくても，上級カウンセラーは教育カウンセラーのスーパーバイザー役を務めています。よって不適切です。

4　スーパービジョンを数回受けるだけでも自己盲点に気づきます。ピアヘルパーの自己理解が深まります。よって適切（正解）です。

〈解答〉　**2，4**

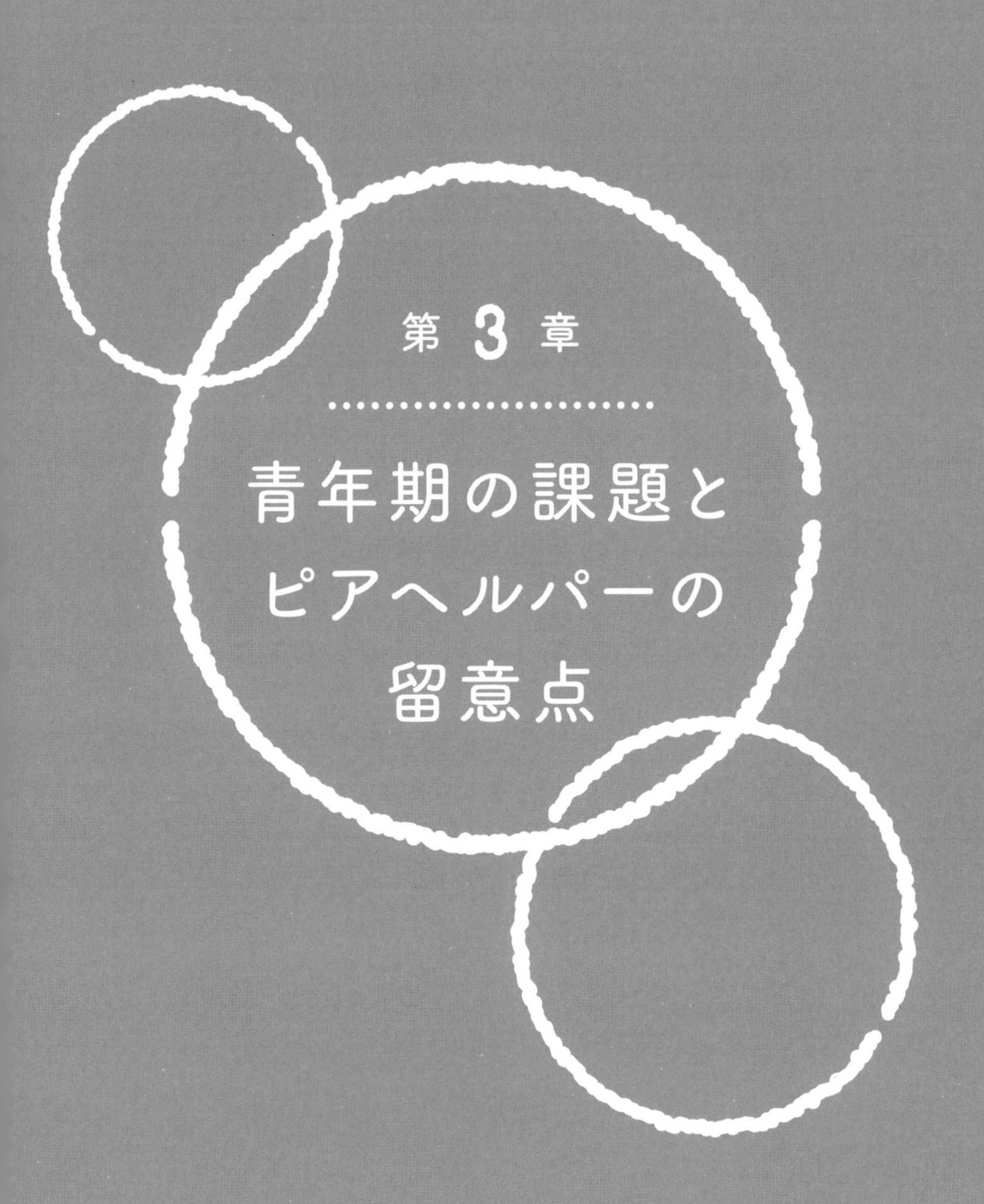

第3章

青年期の課題とピアヘルパーの留意点

1 ピアヘルパーの活動許容範囲と留意点

ピアヘルパーはボランティアといっても，人の人生に関与するのですから，「すべきこと，してはならないこと」のルールがあります。

そこで本節では，ピアヘルパーの活動許容範囲とそれに伴う責任（義務）を語ろうと思います。

1 ピアヘルパーの活動許容範囲

ひとことで言うと，青年や学生ならだれでも遭遇する問題の相談相手になる，あるいはピアグループ（例．各種サークル）の世話役を務めるのが，ピアヘルパーの活動許容範囲です。

ということは，精神疾患や心身症や虐待や犯罪などは，だれもが遭遇する問題とはいえないので，プロの人たち（医療機関，警察，児童相談所，大学の学生相談室など）に引き受けてもらうということになります。このような問題に対して，人助けのつもりで「ひと肌ぬぐ」といった義侠心（ぎきょうしん）にかられてはなりません。愛だけでは援助できないからです。

では，ピアヘルパーが関与することが許容される問題とは具体的にどんなことでしょうか。それは次の6つほどの領域にわたる問題です。

「6つ」と限定せず「6つほどの」と表現をしたのは，これからピアヘルパーの活動が普及定着していくプロセスで，「6つ」の増減が考えられるからです。

⑴ 学業領域

将来○○になるのにはどういう科目を履修すればよいか，どの教授の授業が面白くてためになるか，留年した場合はどうするのが有効な過ごし方か，など情報収集の問題。または他大学への劣等感がある，転科したい，ノートがとれなくて困っている，学業とサークルの両立はどうするか，といったアドバイスを要する問題。

これらの問題に対して，ピアヘルパーは自分の体験や見聞を伝えることができるでしょう。学生の雑談ふうに付き合えばよいのです。ただし社交会話でなくヘルピングですから，ある程度のスキルと知識は必要です。

⑵ 進路領域

卒業してからどうするか，将来のためにいまは何をしておくべきかというのは，学生仲間では共通の問題です。一人で悶々（もんもん）としているよりは，仲間と語り合ったほうが情報も豊かになりますし，考え方や戦略の立て方の参考にもなります。この問題は帰するところ，「どういう人生をつくるか」という人生計画学です。生き方を考える場をつくるとか，話し相手になるなどが，ピアヘルパーの仕事になります。

⑶ 友人領域

仲間はずれにされた，友人がいない，ノート・借金を返してくれない，悪友と別れたい，異性につきまとわれて困っている，といったたぐいの問題は，ふだん仲間うちで話題になることです。ところが，そういうことを話題にできる仲間集団をもたない人が少なくありません。親しそうにみえても，あたらずさわらずの付き合いをしていることが多いのです。

そこで心を打ち明けられる仲間として，ピアヘルパーが登場するのです。この場合のピアヘルパーは，いわばメンタルフレンドです。

⑷ グループ領域

クラス会やサークル活動の世話人を務めるのも，ピアヘルパーの許容範囲です。世話人にリーダーシップがあると，グループは教育的にも（メンバーの成長の役に立つ），社会的にも（地域への貢献），意味のあるものに成長します。したがってピアヘルパーは，グループの①まとめ方，②動かし方，③メンバーへのケアの３つの素養を身につけてほしいものです。

レクリエーション，ボランティア，ネイチャーゲーム，プロジェクトアドベンチャー，グループエンカウンターなどに関心のある人，体験のある人はピアヘルパーに向いているのではないでしょうか。

⑸　関係修復領域

サークルで上級生グループと下級生グループが対立している，１人の人間をめぐって２人がライバルである，いじめる・いじめられるの関係であるなどの状況に，仲裁役を買って出るのもピアヘルパーの許容範囲です。欧米のピアヘルピング，ピアサポートは，このような問題に介入することが多いとされています。そのためには，もめごと解決のためのスキルを身につけておくことが大切です。

⑹　心理領域

この領域は自分も体験のあることなら相談相手は務まるでしょうが，まったく経験がないと推論か理屈しか言えませんので，あまり深入りせずに支持・共感のレベルにとどまるほうがよいと思います。いよいよ自分の手にあまると思うときにはプロのカウンセラーにお願いすることです。

仲間がよく話題にする心理領域の問題としては，次のようなものが考えられます。生きがいがない，何をしたいのか自分でもわからない，死にたい，親を許せない，親の言いなりになっているいまの生活がいやだ，だれかに頼られたい，きょうだいの仲が悪い，など。

人は見かけによらないもので，「この人にこんな悩みが？」と思うことがあるでしょうが，人の人生にふれさせていただいて人生勉強をさせてもらっていると思いながら対応することです。

ところで，こういう人生問題に快刀乱麻を断つように歯切れよく対応しようと思ってはなりません。旅の道づれのつもりで，じっくりと話し相手になるのがピアヘルパーです。人生指南役ではないのです。また，こういう道づれ役をすることは，自分の人生観や性格形成にも役立ちます。「情けは人のためならず」ということです。

2 ピアヘルパーの留意点（倫理綱領）

善意からよかれと思って言ったこと，したことが相手の不興（ふきょう）を買う（自分のせいで，相手が気分を損ねる）ことがあります。あるいは意識の仕方が足りなかったので，あとで「ああ言えばよかった」「こうしてあげたらよかった」と後悔することがあります。

そこで，そうならないために最低これだけは留意しておいたほうがよいと思われるルール（責任）を3つお伝えします。

(1) 守秘義務

守秘義務は「職業上知りえたことは，在職中はいうまでもなく退職後も第三者にもらしてはならない」という職業倫理のナンバーワンにあげられているルールです。ピアヘルパーにもこれを遵守していただきたいのです。

人の人生にふれる立場の人は，相手の権利を守るという前提をもっていることが必要です。そうでないと，人を助けるつもりのものが，人を不幸にしてしまいます。人のもつ権利の中で，特に「幸福になる権利」を守るルールを職業倫理といいます。守秘義務はその1つです。

世間に知られてはまずい事柄を，ついうっかり口をすべらす人がいます。ピアヘルピングは口のかたい人でなければ務まらない仕事です。知っていることでも知らぬふりができる能力を抑制力といいます。

では，どういう人が口の軽い人でしょうか。ひとことでいえば，幼児性の強い人です。このような人は自我の成長が未熟なために我慢ができません。トレランス（耐性）が低いのです。子どもなら無邪気ですみますが，大人では口の軽い人という評価になります。

また幼児的な人は状況判断も甘いので，言ってよいことと悪いことの識別がつきにくいのです。人に認められたい一心で「その人，ぼく知っているよ。何々社長のお嬢さんだ」「なぜ知っているんだ？」「おれが相談にのってやったからだ」といったぐあいです。目立ちたい人や，威張りたい人は，自分の発言に注意が必要です。

⑵ 役割外のことはしないこと

「それはあなたの気のせいだよ。医者に行くほどのことではないよ」と，医師でもないピアヘルパーがアドバイスするのは職業倫理に反します。自分の活動許容範囲を超えるからです。ピアヘルパーは医師ではないので，診断するだけの教育も受けていないし資格もありません。

診断に似たものに解釈があります。「あなたにはエディプスコンプレックスがあるから女性にもてないのだ」といったたぐいのコメントです。精神分析の教育を受けていないのに簡単に解釈しないことです。解釈されたほうは，ふつう不愉快になります。審判されたように受け取るからです。

診断しないこと，解釈しないことのほかに，もう１つ付け加えます。それは，いやがることを無理に告白させないことです。ピアヘルパーとヘルピーの関係は「医師と患者」「弁護士とクライエント」の関係でなく，仲間と仲間の関係です。助けたり，助けられたりの関係です。仲間同士は，「表現の自由」があるように「沈黙の自由」もあるわけです。

⑶ 私的になりすぎないこと

ヘルパーとヘルピーという役割で付き合っているうちに私情がわいて，自宅に泊めてもらうとか，デートに誘うとか，借金を申し入れるなど，ヘルピーを利用するようにならないことです。幸福になりたくて相談に来た人を，ヘルパーが自分の幸福のために利用するのは契約違反だからです。

「親しき仲にも契約あり」です。仮に「不仲になっても契約あり」です。例えば，相手が失礼な言動をとったので腹が立ったとしても，契約どおりに相手が最初にもち込んできた問題を解くまでは誠実に対応することです。怒るのは私情です。私的になりすぎているということです。ヘルピングの過程で怒ることが許容されるであろうと思われるのは，「義憤（ぎふん）」（道に外れたことに対する怒り）の時だけと思ってください。

私的になりすぎないためには，自分なりに満足できる人生をつくることです。愛や金銭や友情に飢えていない状況を私生活につくることです。

ただし，ヘルパーとしての自分だけしかもたなくなったら，孤高の人になります。そうならないためには，ときには自分がヘルピーになれる仲間をもつ必要があります。

テスト問題

問 次の文章の中から適切なものを１つ選びなさい。

1　ピアヘルパーは夢分析や催眠療法を行うことができる。

2　ピアヘルパーはだれでもが人生で体験するであろう問題を仲間と一緒に考える人である。

3　ピアヘルパーはボランティアであるから，職業倫理に縛られない自由さがある。

4　ピアヘルパーは，自分が体験したことのない問題を相談された場合，すべてリファーすべきである。

解答欄	

【問題解説】

1　ピアヘルパーは，基本的にはヘルピーに対して夢分析や催眠療法を行ったりはしません。授業の中で教わることはあると思いますが，実際に使えるようになるには，さらに学習と経験が必要なります。よって不適切です。

2　ピアヘルパーは，だれでもが人生で体験するであろう問題を仲間と一緒に考える人です。よってこの文は適切（正解）です。

3　守秘義務とは,「職業上知りえたことは，在職中は言うまでもなく退職後も第三者にもらしてはいけない」という職業倫理です。人の人生にかかわるピアヘルパーも，これを守ってほしい。よって不適切です。

4　自分が体験したことのない問題でも，日常的な問題であれば，問題解決のヒントを与えることができる場合もあります。すべてリファーしなくてもよいと考えられます。よって不適切です。

〈解答〉　**2**

2

学業領域

学生がもつ学業上の悩みで，おもなものが２つあります。１つは授業がつまらない，もう１つは授業についていけないということです。

ピアヘルパーの仕事は，ヘルピーの悩みをよく聞くことから始まるのですから，学業上の悩みをよく整理して聞く態度が必要です。ピアヘルパーにもヘルピーにも共通するところがあるかもしれません。

以下に，対応策とともに示してみることにします。

1 授業がつまらない

学業上の悩みのうち，まず，「つまらない」を取り上げます。

教授はつまらない授業はすべきではない，学生が喜ぶ授業・楽しくなる授業をすべきであるといった「ねばならぬ志向」の考え方をヘルピーがすると，授業はますます不快になってしまいます。

教授の中には，学問を伝えるという心意気をもっている方が少なくないのです。学生が楽しんで聞こうが聞くまいが，自分はそれを伝える責任があると思っているわけです。聴衆のニーズより学問体系を伝承するほうが大事だというわけです。だから「学生のニーズに合わせてください」と言っても，おいそれと学問体系を崩すわけにはいかないのです。学者志向の教授は，そうなる率が高いと思います。そういう教授に向かって，「私のニーズに合わせてください」と何度言い続けてもあまり効果はありません。

そこで，次のような考え方を工夫すればいいのです。

第1には，「すべての科目が面白い（学生のニーズに合う）にこしたことはないが，人生で出合うすべての事柄が面白いということはありえない。いやな友達の誕生会や結婚式に出席したくもないが，顔出しせねばならないのがこの世間というものである。これと同じように，出席したくもないが，卒業するためには砂を噛む思いで受講せねばならない科目もある。時間のむだだが，この科目を落として留年するよりは時間経済上は得になる」と考えるのです。

次にこんな策もあります。つまらない科目は「自分の人生でどういう意味があるかを発見する」ことです。例えば，統計学の授業がつまらない場合，「この科目はやがて人の研究を読み取るとき役に立つだろう。一応どんなものか知っておけば，統計学が話題になったときに劣等感をもたずにすむだろう」といったように考えるのです。

そのためには，自分の人生計画をもつことです。将来，経営者になりたい人は，「いまのところ簿記は少しも面白くないし，将来も会計の仕事はしたくないが，社長になったときだまされないように，この科目はとにかく履修しておこう」と考えるのです。

つまり，将来計画のある人（アイデンティティをつくる意志のある人）は，将来のためにいまは何をすればよいかの判断がつくので，つまらないことにも耐える力が出てくるというわけです。先の見えない人（目先だけしか考えない人）は，いまそこでの行動が選びにくいということです。

将来を視野に入れて考えるためには，先輩や卒業生や社会人とできるだけ会って，この人たちが20歳前後のときの自分の何を後悔しているかを耳学問することです。「もっと基礎的なことをきちんと勉強しておけばよかった」とか，「いまのような仕事をすることがわかっていたら，もっと○○を勉強しておけばよかった」ということなどがわかります。

つまらない授業に愛想をつかさない第3の方法は，自分が先取りして勉強し，教授に次々と質問することです。知的に挑戦することです。これは居眠りするわけにはいかないので，張り切って元気になってきます。質問のツボは，①キーワードの定義，②キーワードと類似の概念との相違点，③テーマの意義（なぜそのことが学問上または実際上大事なのか），④そのキーワードまたはアイデアの活用法の4つです。

つまらない授業はだいたい定義があいまいか，ほかとの比較がないか，事実の記述だけで主張がないか，有用性（usefulness）がないか，学生にレディネス（準備，予備知識）がないかのいずれかと考えられます。

2 授業についていけない

ヘルピーが授業についていけない場合の第1仮説は，レディネス不足です。例えば，栄養学専攻の学生で化学の予備知識がないと，授業についていくのが苦しいということです。カウンセリングの修士論文を書くのに，研究法（例．サンプルのとり方，アンケートの作り方，統計処理の方法）のレディネスがないと辛いものです。

アメリカでは，大学院生でも学部の授業をとることがよくあります。それは，大学院で学部とは違う専攻に転じた場合です。史学科からカウンセリング専攻に転じた学生は，学習心理学などは知らないわけですから，学部の学習心理学の授業を履修するわけです。つまり特訓のようなものです。

高校時代に選択性をよいことにして苦手な科目をとらないでいた人は，いまから特訓することです。レディネスがあると授業はついていきやすくなります。

授業についていけない第2の仮説は，勉強の要領が悪いからです。要領のツボは4つあります。

1つ目は，ノートのとり方です。本の目次のように，重要なポイントが章節になるように意識しながら，ノートをとることです。上位概念と下位概念を区別しながらノートをとる，概念と事実を分けながらノートをとる，理論と概念を識別しながらノートをとる，原理と方法を区別しながらノートをとるといったぐあいに，骨組みを整理しながらノートをとるのです。

速記のように，先生が話したことをべったりと文章で筆記するようなノートは，どこがポイントなのかわかりづらくて頭に残りません。内容の筋立てが頭に残るようにノートをとることです。

そして帰宅してから，この骨組みに肉づけをするのです。肉づけとは，例えば，たとえ話，図表，教授の体験談など，授業で聞いた話を忘れないうちに骨組みに書き入れることです。

授業で聞いて，家で書いて，試験前に読むという3つの作業をすると頭に残ります。もっとよいのは，口に出してだれかに話して聞いてもらうことです。英会話は話さないと上達しませんが，それと同じで話せば話すほど頭に残ります。

2つ目は，本の読み方です。1つの科目につき精読する本を1冊決めます。そして，この本は暗記するつもりで読みます。キーワードの定義，キーワードとキーワードの組み立て方，全体の構造など，主要な事実を覚えるのです。暗記（知識）のないところに思考は生じません。この精読する本は机に向かって読みます。

いっぽう，電車の中や休憩時間に目を通す本がありますが，これは多読ですから，じっくり読まないことです。要点をつかめばよいのです。つまり「ななめ読み」ということです。ななめ読みには要領があります。

まず，まえがきを読んで著者の主張をつかむ，次にあとがきを読んでその本の結論を知る，その次に目次をざっと見て，どの章にいちばん著者の言いたいことが書いてあるか見当をつける。見当をつけた章はゆっくり読むが，他章は小見出しを読む程度にする。

1ページずつていねいに読まないと本代がもったいないと思いがちですが，むしろ時間のほうがもったいないということです。本は，なるべく図書館を利用することです。返却日に追われて読みますから能率的といえるでしょう。

3つ目は，レポートの書き方です。先輩のものをサンプルにして，どんなことを書くのかの枠組みをつくることです。「何を言いたいのか，その根拠は何か，今後どういう課題が残されているか」，少なくともこれら3つのことにふれることです。小中学生時代の作文との違いは，感情を書かずに，事実，論理，今後の課題を書くことです。つまりハート（心）よりヘッド（頭）で書くわけです。

4つ目は，期末試験です。授業のとき教授が，①板書した概念，②時間をかけて話したテーマ，③話の中に何回も繰り返された事柄や概念や主張は，出題される可能性が高いものです。人のノートより自分のノートのほうが役に立ちます。普段からマークしておけばよいわけです。

不合格になりそうなときは，まず教授に会って指導を受けることです。どうすれば次回にパスできるか，熱意のほどを示して会話をすることです。簡単にあきらめないほうが得です。点はもらうべきものではなく勝ち取るべきものです。点数乞いに行くのではありません。勝ち取るための戦略相談に行くのです。けっして自分をみじめに思わないことです。

以上のようなことを頭において，ピアヘルパーは自分の体験を参考に対応するとよいでしょう。世の中には頭はよいのに性格で損をする人がいます。四角四面の律儀者（りちぎもの）であればよいというわけではありません。「要領のよさ」も大事なことなのです。

テスト問題

問 ある授業の成績のつけかたが不公平だと言う仲間への応答の中で，次の文章の中からもっとも適切なものを１つ選びなさい。

1 「不公平であるべきではない」という考えを，「不公平がないにこしたことはない」という考えに修正することだよ。

2 授業担当の先生に自己主張してはどうかな。そのセリフは私と一緒に考えよう。

3 学長に直訴したほうがいいよ。泣き寝入りはよくないよ。

4 成績なんてどうでもいいじゃない。そんなつまらないことは忘れたら？

解答欄	

【問題解説】

1 論理療法になじみのある人はこの文を適切と思うでしょうが，ビリーフ（考え方）の修正だけですべての問題がとけるわけではありません。こじつけになると，それは心理主義といいます。よって不適切です。

2 自己主張してみることは大切ですが，そのためのセリフを考えるのは，むずかしいことかもしれません。ヘルパーが一緒に考えくれるのは，心強い味方になるでしょう。よって適切（正解）です。

3 学長に直訴する前に，担当の先生の考えを知る必要があります。なぜなら実際には不公平ではないかもしれないからです。ピアヘルパーは冷静にヘルピーと話す必要があります。よって不適切です。

4 ヘルピーにとって大事なことを，「それはたいしたことじゃない」とヘルパーが介入しています。これはヘルピーの気持ちの理解不足と考えられます。ヘルピーの人生はヘルパーの人生ではないからです。

〈解答〉 **2**

3 進路領域

高校生の教育相談に，もち込まれることの多い問題が３つあります。「学業の問題」「進路の問題」「友人関係の問題」です。これらは高校卒業後もしばらく続く問題です。

そこで，ピアヘルパーとしては進路の問題について，ある程度の知識をもっておくほうがよいと思われます。何を専攻するか，どういう職種を選ぶかなどは，ヘルパー自身も抱えている問題かもしれません。ですから，ある程度は自分を点検するためにも本節を読んでください。

1 進路の意味――「自己実現」のチェックポイント

進路のことを「キャリア」といいます。どうやって生計を立てるか（お金を稼ぐか）でなく，どう生きるか，どういう自己実現をしたいのかという意味がこめられた言葉，それがキャリアです。

例えば，人にサービスする人生を送りたい人は，教師→カウンセラー→カウンセラーの指導者（例．大学教員）→子ども会の世話役あるいはカウンセラーの団体のスタッフといったぐあいに職を展開するでしょう。この一連の流れをキャリアというわけです。ところが，一連の流れにならないことがあります。教師→設計事務所スタッフ→市会議員→企業の社長といったぐあいです。つまり，何が自分の人生のテーマかはっきりしない流れがあります。

1つのテーマを人生で次々と展開しているときはキャリアといいます。転職の連続だけではキャリアとはいいません。

そこでキャリアづくりのときに，考慮したほうがよいおもな事柄が6つあります。進路選択の道筋として，初めに4つふれてみたいと思います。

(1) 想像

これは,「かっこいいから○○になりたい」というような,非常に子どもっぽい職業選択です。体の虚弱な子どもがプロレスラーにあこがれる，というような，願望だけの職業選択です。自分の興味，能力，現実条件などを考えていないのが特徴です。

そうならないためには，自分はどんなことに興味があるかを，まず考えることです。フランクルという実存主義の精神科医は，少年時代に自分は「哲学」と「人間」に興味があることに気づき，この2つを満たすには精神科医になるのがよいと思ったのだそうです。興味の対象は大ざっぱにいうと「人」「もの」「抽象の世界」の3つになります。

(2) 興味

では,自分は何に興味があるのかがわかるには,どうすればよいのでしょうか。「泥棒と人殺し以外は何でもしてみよう」くらいの気持ちで人生に挑戦することです。サークル活動，仲間とのキャンプ･旅行，アルバイト，演劇・音楽会・講演会，大学祭などの準備委員，パーティ・忘年会，見学，面談，読書など幅広く体験してみることです。

体験しているうちに「これは自分には向いていない」「これなら面白い」といったぐあいに，少しずつ興味がはっきりしてきます。それゆえアメリカの教授は,「最初の就職先で定年まで勤めようと思うな。そこで働いているうちに，いままで気づかなかった興味に気づくだろうから，その新しく発見した興味を生かした仕事をしてみろ。そのうちにまた新しい興味に気づくだろう。そうしたらまた転職して，そこで定年までがんばるつもりで働け」と言います。実際には，それほど気楽には転職できない事情の人が多いでしょうが，ここで言いたいのは，「体験を通して興味がはっきりしてくる」ということです。

⑶ 能力・適性

好きな仕事に就けたら人生はハッピーになるでしょうか。

そうともいえません。好きでも能力がないと楽しくありません。「下手の横好き」がそれです。

「好きこそ物の上手なれ」ということわざもありますが，いまのところ「興味」と「能力」は必ずしも一致しないというのが職業心理学の通説です。つまり，「人が好き」と言っても，ナースの能力も，営業の能力も，秘書の能力もあるとはかぎりません。ですから，手順としては「何が好きか」を考えてから，その好きな領域の中で「何ができるか」を考えればよいだろう，ということになります。

⑷ 現実条件

ところが，「好きで，能力もある」としても，現実の条件がそれをさまたげるということがあります。

例えば，語学が好きで語学の才能があるから外国へ留学したいという場合でも，一方で病気がちな親の面倒をみなければならないという事情があると，国内にとどまる方法を考えることになります。

また，精神科の医者になりたくて医学部に合格する学力があっても，一人前の医者になるまでの資金がないという場合は，途中で脱落しないですむ方法はないかと考えます。アメリカでは，そういう人の中には，臨床心理学者になって病院に勤めるという策を立てる人がいます。このほうが資力は少なくてすむからです（日本ではいまのところまだその可能性は低いようです。精神保健福祉士のほうが，まだ可能性は高いのではないでしょうか）。

したがって，現実条件とは，資力，体力，家族関係，将来性，年齢，資格，学歴などがその例です。こういう条件は，すでにその職についている人から耳学問をしておくとよいでしょう。

2 自己肯定感の強弱

以上，職や進路を選ぶときのチェックポイントとして，⑴想像，⑵興味，⑶能力・適性，⑷現実条件の４つをあげました。

ところで，これらを考慮して，とりあえずある結論に到達する人と，なかなか決定できない人（迷いの多い人）とがいます。その差はどこにあるのでしょうか。

それは自己肯定感の強弱にあると思われます。I am OK. の人か，あるいは，I am not OK. の人か，ということです。

「自分はたいしたことのない人間である」「自分は人に劣る人間である」「自分は人の役に立たない人間である」「自分は人のお荷物になる人間である」「自分は頑張りのきかない人間である」「自分はツキの悪い人間である」といった自己イメージをもっている人が世の中にはいるものです。これがI am not OK. の人，自己肯定感の低い人です。

「千万人といえども，吾往かん（自ら省みてやましいことがなければ千万人の反対者があってもおそれることなく我が道をすすもう）」という感慨の人，これがI am OK. の人です。自己肯定感の高い人です。

では，自己肯定感の強弱はどうやって決まるのでしょうか。おもな原因が２つあります。それは他者評価とビリーフです。

⑴　他者評価

いくら頭のよい人でも，幼少期から「おまえは頭の悪い人間である」「あなたは気のきかないぼんやり者である」と評価され続けてきたら，「自分はダメ人間である」というネガティブな自己イメージをもつことになります。それゆえに，チャンスがあっても「どうせ私なんか……」と，しりごみします。フロイドのように「おまえはやがて世界を救う人間になる」と言われ続けた人は「千万人といえども……」という勇気のある人間になります。

自己肯定感が低くても，遅まきながら自分を支持してくれる人に出会った人は，急に自己肯定的になり（自信回復），前向きにキャリアづくりを考えるようになります。日本ではうだつのあがらなかった青年が，海外では人に賞讃されて自己肯定的になり，名を成すことがあります。これと同じことが日本での日常生活の中にもありうるということです。

したがってピアヘルパーは，自分の仲間に対してなるべく支持的に対応することです。お世辞や社交辞令ではない支持を心がけることです。

そのためには，複数のフレイム（観点）をもつことです。例えば，「きみはおしゃべりだ」と人に評されて落ち込んでいる人に，「ようするにきみは言語能力が抜群なんだ」と言えることです。「あなたはグズだ」と評されている仲間に，「あなたは慎重な人なんだ」と言えることです。そのあと「慎重にしたほうがよいときと，アバウト（大ざっぱ）でよいときの識別をすればよいのだ」とアドバイスすれば，相手の自己肯定感を壊さないですみます。

⑵ ビリーフ

迷いの多い人，選択のできない人というのは，次のようなビリーフ（考え）をもっていることが多いと思われます。

それゆえ，ピアヘルパーが「私はこう考えていますが，あなたも私の考えを少し取り入れたらどうでしょうねえ」と提案することです。

① 「人生で失敗は許されない」「失敗すべきではない」。この考えに固執すると石橋をたたいても渡れません。そこで，例えば「失敗したら次回には同じ失敗をしないためにどうすればよいかを考えればよい。

試行錯誤を通して人は少しずつ知恵がついてくるのだ」とビリーフを修正するわけです。

②「自分には何の才能もない」。このように自分を見下げるビリーフの多くは,「一般化のしすぎ」といって1つのことを拡大解釈しすぎです。英語ができないからといって「勉強ができない」と思い込むのがその例です。「英語も数学もできませんが日本語はきちんと話せる私です」とビリーフを修正することです。

このような自己弱小感にとらわれている人は,ぜひ『18歳からの人生のデザイン』國分康孝(図書文化社)を一読されることを薦めます。

テスト問題

問　下記のセリフに対して適切な対応と思われるものを１つ選びなさい。

「私は５社の面接を受けたのですが全部不採用でした。私の人生は終わりました。あとは適当にフリーターで生計を立てるしかありません」

1 「あなたは無愛想で損をしている。ソーシャルスキルを身につけたら？」
2 「残念だったね，がんばったと思うよ。あとは運と気合いだね。気合いを入れてやってみたら？」
3 「望みが高すぎるんじゃないかな。もう少しレベルをおとしてみたら」
4 「いま就職先がないからといって，永遠にないと決まったわけではないよね。５社だめだったから，すべての会社に望みがないというのは一般化のしすぎだよ。片っぱしから応募してみたら？　私も手伝うよ」

解答欄	

【問題解説】

1 ソーシャルスキルとは，よい人間関係をつくるための技術やコツです。一朝一夕にして身につくものでもないので，「できないことをしろ」と言われると，落ち込んでしまいます。よって不適切です。
2 気合いだけでものごとがうまくいくわけではありません。ピアヘルパーの考えを押し付けると，信用を失うことになります。よって不正解です。
3 不本意入学と同じで，「望みを下げて」選んだ会社の社員になることには誇りがもてません。人生の裏街道を人目につかぬように，こそこそ歩むことを提言されているかのごとく響きます。よって不適切です。
4 ビリーフを変える手伝いと応募の手伝いの２つを提案していて，ヘルピーを支えています。よって適切（正解）です。

〈解答〉 **4**

4

友人領域

友達をもつということは，人生でとても大切なことです。青年になっても付き合う相手が父母や祖父母だけでは，若年寄（年齢のわりに老けた感じの人間）になります。同世代の友達がいるから，いまの時代感覚をもつ青年に育つのです。

それだけではありません。友人がいると人生に張りが出てきます。孤独だと元気が出ません。例えば,高校中退者の多くは「学校に友達がいない」という調査があります。

友人がいると，社会人になってからも仕事を紹介してもらうとか，情報を入手できるとか，相談相手になってもらうとかで，助けられることがあります。

そこでピアヘルパーは友人関係について，ある程度の知識をもっていると何かのたしになると思います。友人関係の原理は3つあります。⑴心理的離乳，⑵ギブ・アンド・テイク，⑶自己開示です。

1 心理的離乳

大人になってからでも，自分の身内のことを人に語るのに，「うちのお母さんが……」「うちのお姉さんが……」と言う人は，心理的離乳（親ばなれ）の済んでいない人の例です。いつまでも子どもの心理が抜けない人です。普通の大人は，「うちの母が……」「うちの姉が……」と言います。

さらに度がすぎると,「うちのお父さんは門限がうるさいので……」「うちのお母さんがお酒にうるさいので……」といったぐあいに,会話の中に父母の言動をたくさん引用します。仲間にすればうっとうしくなります。「付き合いづらいなあ」と思います。せっかく自分たちは親から離脱して仲間だけの世界をつくろうとしているのに,何かにつけ,「お父さん」「お母さん」の行動基準を示されては気分が悪いということです。

このような青年は親に反逆しないので,「素直な子」「いい子」「品行方正・学術優等」と周りの大人には好かれます。しかし,「天は二物を与えず」です。若年寄になったり,あるいは近所の人からほめられる青年になったりするよりは,「あいつは困ったやつだ」と言われるくらいのほうが,仲間の受けがよく,友達は近づきやすいものです。

若年寄の人は,友達との雑談は時間の浪費と思いがちですが,「むだの効用」ということもあるのです。友人と無駄話をするのも人生の大事な1コマです。若年寄から脱皮するには,構成的グループエンカウンター,サークル活動,海外旅行・留学(異なる価値観にふれる)が有効のようです。

2 ギブ・アンド・テイク

友達がいない,いても長続きしないという人は,ギブ・アンド・テイクが得意でない場合が多いようです。人にしてもらうばかりで,して返すことが少ないということです。人が「おはよう」と声をかけてくれても威勢よく聞こえる声で「おはよう!」と言って返さない,人がにっこりと会釈してくれたのにポーカーフェイス(無表情)である,人がメッセージをくれたのに「どうせ学校で顔を合わせるから」と返信もしない,人がノートを貸してくれたのにお礼のメモひとつも付けずに返す,などというぐあいです。

要するに,「よくしてあげる甲斐がない」という印象を与える人がいます。

いわばテイク・アンド・テイクの人です。友人関係を保つには水くさくない程度のギブ・アンド・テイクが必要です。

夫婦でも気を使ってギブ・アンド・テイクをするのですから，友人とはいえ他人同士では，してもらうばかりというのは虫がよすぎます。当人は，「家族と同じように友人が私に好意的であるのは当然だ」と思っているのかもしれません。こういう人は「世の中は自分のためにできているのではない」という学習がたりないのです。友達は自分の口から「何様だと思っているのだ！」とは言えないから黙って去っていくのです。

ピアヘルパーは，そのことを正直に伝えてあげるとよいでしょう。「私は○○していますが……」と，参考例を提示してあげるとよいのです。とがめたり，嘲笑したりしなければ相手のプライドを傷つけません。

一般的にいってテイク・アンド・テイクの人は依存的です。当人は気づかず「私は好意をもっているのに，なぜ人は……」とうらみがましく思っているでしょうが，それはたぶん，I like you. ではなく，I need you. ということだと思われます。ですから，依存される側は負担になってくるのです。

「わかりました。では何をギブして返せばよいのでしょうか」と問う人がいるかもしれません。それには，少なくともだれにでもできることが2つあります。「にっこり笑う」という非言語のギブと，「ありがとう」「ご苦労さま」「お疲れ様でした」「ではまた明日」といった言語のギブです。これらはソーシャルスキルのABCです。ピアヘルパーは，折をみてソーシャルスキルに関する本を精読しておくとよいでしょう。

3 自己開示

自己開示とは，自分をオープンにすることです。「昨夜は酔っぱらいにからまれて困ったよ」「おれ，留年しそうなんだ」「夏休みに運転免許状を取りにいくんだ」といったぐあいに自分のことを語ると，「あの人はそういう人なんだ」と周りが知って，付き合いやすくなります。何も語らなければ，「得体が知れない人」「腹黒い人」「策士（さくし）かも」といったぐあいに人に敬遠されがちです。これでは友達はできにくいのです。

また，相手が自分をオープンにしているのに，こちらは何も言わないというのは，「正直にしゃべってばかをみた」という思いを抱かせるので，人は寄ってきません。「サッカーを見るのが好きだ」と相手が言っているのに，「へえー」とか「なるほど」くらいの応答では不十分です。「ぼくもサッカーが好きだ」「私はテニスの試合をよく見る」といったぐあいに，相手と同じくらいのオープンさがないと人から理解してもらえません。

友人関係で自己開示が必要なのは，お互いが知り合うためです。隠しごとが多いと親友はできません。

ところが，恥ずかしい，人に笑われる，損をする（情報提供についてケチな人）といった理由で，自己開示しないで「まあまあです」「ぼちぼちやっています」とぼかした応答しかしない人がいます。このような人は，社交家ではあるでしょうが，友達はできにくいでしょう。フレンドというのは味方のことです。味方には正直に自分を示すものです。それがなければフレンドではなく知人といいます。

自己開示の能力を高めるには，構成的グループエンカウンターとか，サポートグループ（セルフヘルプグループ）に参加することです。あるいは居酒屋での雑談，合宿，カウンセリング，社会活動（例．神輿（みこし）かつぎ，救済活動のボランティア，団体競技など）も効果があるようです。

友人関係の原理として，①心理的離乳，②ギブ・アンド・テイク，③自己開示の3つをあげました。ピアヘルパーは心理学の教授ではないので，これらのことを仲間に説明して聞かせるのでなく「自分は～を心がけている」と自分を語る方式で伝えるのがよいと思われます。

テスト問題

問 友人について述べた次の文の中で，人生に肯定的な生き方をしている人のセリフとして適切なものはどれか。１つ選びなさい。

1 「友人などいなくてもよい。年賀状などせっせと書くのは，愛情に飢えている人だ」

2 「友人などいたところで，借金や居そうろうを気持ちよく受けてくれることはまれだから，いざというときの頼りにはならない」

3 「友人がいないと人は生きられない。人は孤独では生きられないからだ」

4 「友人はいるにこしたことはない。子どもがいる人生も，いない人生も，それぞれに豊かな人生であるのと同様だ」

解答欄	

【問題解説】

1 人を恋しがるのは愛情に飢えているからだ，というビリーフ（考え方）は雑すぎます。愛情に飢えている人（依存性が高い人の意）でなくても，人を恋しく思うのが人情です。故郷が恋しい人は旧友に賀状を出したくなります。これは一般化のしすぎと思われます。よって不適切です。

2 これは，役に立たない関係は意味がないという，実利主義の哲学が強すぎるセリフです。役には立たないが意味のある友人関係というのがあるのです。損得ではなく生きがいが，友人関係にはあるのです。よって不適切です。

3 孤独に耐えなければならない人生もあるわけです（例．失恋，親・配偶者との死別）。「友人がいないと淋しいし不安だが，だからといって生きられないわけではない」と考えるのが妥当です。よって不適切です。

4 「友人はいるにこしたことはない」と考えると気が楽になり，友人の有無にとらわれず，人生を肯定的に考えられます。よって適切（正解）です。

〈解答〉 4

5 グループ領域

青少年にとって，グループへの参加体験というのは非常に大事なことです。その理由は２つあります。

１つ目は，それぞれのグループのきまり（暗黙のルール）を守ることが自分の成長になるからです。みんなが両親のことを「父・母」と言っているのに，自分だけが「パパ」「ママ」と言えば，「いつまでも子どもじゃないんだぞ」と仲間にからかわれます。そこで，仲間に入れてもらうために「父・母」と言うようになります。こういうことを通して「自分は大人なんだ」という意識が育ちます。

両親の呼び方は１つの例ですが，それに相当するグループのきまりは次のようなものです。自己開示，人にゆずる，我慢する，時間厳守，約束を守る，嘘をつかない，年長者には敬語を使うなどです。こういう暗黙のルールの理解は，グループに属さないと身につきにくいものです。

グループの２つ目のよさは，生きる元気のもとになることです。孤独感は人をさえなくさせます。人とのつながりがあるとき，人は元気が出てきます。海外で日本人に会うと，元気に話したくなるのがその例です。

こういうわけで，ピアヘルパーには，仲間同士のグループづくりの世話人になってほしいと思います。そこで本節ではグループリーダーとしての基礎知識を述べます。

おもな柱が４つあります。それらは，(1)グループとは何か，(2)グループのまとめ方，(3)グループの動かし方，(4)リーダーの資質と留意点です。

1 グループとは何か

グループが壊れるとは，物理的には複数の人間がそこにいるけれども，その複数の人間の間に，(1)役割関係もなく，(2)感情交流もない，という状態のことです。笛吹けども踊らず（笛を吹く役割，踊る役割が機能していない），あるいは相互に無関心（人の言動に対して喜怒哀楽が生じない）な集団のことです。

したがって，グループの世話人の仕事は，(1)だれはだれに対して何をすることが容認されているか（権利・自由），だれはだれに対して何をせねばならないか（責任・義務）を全メンバーに周知させることと，(2)メンバー相互の感情交流を促進すること，この２つになります。

これはだれかが音頭をとらなくても，自然にそうなるというものではありません。自然に何とかなるだろうと様子を見ていると，弱肉強食の無政府状態になりがちです。反対にだれかがリーダーになって采配をふるほうが，効率的に事は運びます。その「だれか」がピアヘルパーなのです。その意味で，サークルや部活や委員会の役員は，ピアヘルパーになることをお勧めします。

2 グループのまとめ方

ではどうすれば，(1)役割関係と，(2)感情交流が育つのでしょうか。そのツボが２つあります。

(1) 目標の設定

自分たちのグループは何のためのものか。これをはっきりさせないと，各自の役割が決まりません。もし仲間同士で２泊３日のエンカウンター合宿をするのだと目標が定まれば，会場設定，受付，会計，リーダー，サブリーダー，備品準備，食事，コンパなどの担当（役割）を決め，それぞれの権限と責任を相互に了承し合えるので，まずグループの形を成します。

次に，お互いに「おい，きみ」と言える間柄になるために，感情交流の場をもったほうがよいでしょう。打ち合わせをかねて食事会をするとか，合宿をするというぐあいです。このプロセスで，まとめ役・進行係が1人必要です。進行役がたくさんいると混乱することがあるので，全メンバーが「あの人に任せよう」と思える人物が必要です。そのとき，ピアヘルピングの素養のある人がいると助かります。

⑵ 集団のまとまり

次に大事なことは，集団がバラバラにならないことです。どうすればまとまりのよいグループになるか，そのツボが3つあります。

第1には，ルールをつくることです。例えば，集まりぐあいが悪くても定刻になったら始めるとか，話が盛り上がっていても定刻になったら解散するとか，決めた会費以上に臨時集金しないとか，入会の条件は明確にする，というようにです。

第2は，リチュアル（ritual）といって，決まった行事を定めることです。会を始めるときには，まず全員が立ち上がってお互いに握手をするとか，新入会員がいるときには全員が自己紹介するとか，年に1度は懇親会をするとか，などのようにです。そのグループの特色が出たリチュアルをもつと，「われわれ意識」が育ちやすくなります。ただし，リチュアルが多すぎると窮屈になりますので，1つか2つくらいがよいでしょう。

第3は，ときどきメンバーの満足度を確認することです。つまり，そのグループに属することによって，メンバーの欲求が満たされているかを確かめるのです。例えば，テニスをしたいのにボール拾いや雑用係ばかりだと，いや気がさして人が集まらなくなります。そのグループの活動が，メンバーの欲求を充足させるものになっていることが大切です。

3 グループの動かし方

さて，グループのまとまりの次に大事なのが，グループは動いているかです。和気あいあいとしていても，目標達成に近づかないグループは，たんなる仲よしクラブです。最初から「仲よしクラブにする」という目標に全員が同意しているなら問題はないのですが，カウンセリング学習を目標にした「カウンセリング研究会」のつもりが，談笑ばかりの会になってしまうと，動きの沈滞したグループということになります。グループの動きとは，目標に近づいているかという意味です。

このような場面でも，ピアヘルパーはリーダーシップを発揮するわけです。例えば，談笑ばかり続いているときには，それをほどほどにして本題に戻すようにするのです。これを介入といいます。ニコニコしているだけでは，リーダーシップになりません。

つまり，リーダーシップの要点は，受身的・許容的に対応したほうがよい場面と，能動的・指示的に介入したほうがよい場面の識別をすることです。前者に偏向すると無能なリーダーと評され，後者に偏向すると強引なリーダーと思われるからです。押すのか引くのか，黙認するか口出しするか，調子を合わせるか毅然とするか，母性原理でいくか父性原理でがんばるかなどの加減は，ピアヘルパーとしての修業になります。試行錯誤しながらその要領を会得するとよいでしょう。

参考までに，グループへの介入を考えるたたき台を提示しておきます。

〈リーダーが受身的に対応してもよい場合〉

① 多くのメンバーに興味や能力のあることをするとき。例えばコンパ（飲み会），学園祭の出しものなど。

② メンバーの中に取り仕切る人（ミドルマネジメントのできる人）がいる場合。

③　グループの慣例に従えばよい場合。

〈リーダーが能動的に働きかけたほうがよい場合〉

①　多くのメンバーに能力や興味がとぼしいとき。例えば学園祭などの入口に立って「いらっしゃいませ」とあいさつするのを恥ずかしがる新入生に，「もっと大きな声で！」と介入する。

②　新入生が大半を占めるグループの場合。ミドルマネジメントを分担する人が足りないから，リーダーがこまめに介入することになる。

③　新しくできたばかりの会の場合。慣例がないから，箸の上げおろしまでリーダーが指示しなければならないことが多い。

以上のようなことを手がかりにして，リーダーシップを工夫するとよいでしょう。リーダーシップの経験は，自己肯定感（自分もまんざらではない）や自己効力感（やればできるといった自信）が生まれるきっかけになります。上手にできないときでも，それが自分を知るための手がかりになれば，自分の成長にもつながります。

4　リーダーの資質と留意点

第1に，グループが数人の場合でも，大人数の場合でも，リーダーは一人一人をまんべんなく見るくせをつけることです。「自分がいることに気づいてくれている」「いないことに気づいてくれている」という意識をメンバーがもてるようにすることです。自分はこのグループにいてもいなくてもいい人間だと思うと，だれしも足が遠のきます。要するに，人を無視しないことです。

第2に，えこひいきしないことです。例えば，みんなを誘わずに，特定のメンバーとだけ喫茶店に入るなどしないことです。特定のメンバーの服装やヘアスタイルだけをいつもほめないことです。要するに，なるべく無駄口はきかないことです。

第3は，ものを言うときにはなるべく，詳しくはっきり言うことです。「○○駅に集合」と言わず，「○○駅の北口の改札口の前に集合」というぐあいにです。伝達が雑だと，メンバーにフラストレーションが起こりがちです。また，来ても来なくてもいいような言い方でなく，「来てほしい」とはっきり言うことです。「私にはあまり来てほしくないのかも」と誤解されないためです。

第4は，なるべく自己開示することです。うれしいときにはうれしい，してほしいことがあるときには，「～してくれるとありがたい」と正直に自分の感情や願望を表明することです。リーダーが腹の中で何を考えているかわからないというのは，メンバーにとっては居心地がよくないからです。

テスト問題

問 次の中から，リーダーの心得として適切なものを3つ選びなさい。

1 なるべく口出しせず，「メンバーはお客様です」の精神に徹すること。

2 メンバーをえこひいきしないこと。

3 リチュアルをたくさんつくって統制のあるグループをつくること。

4 メンバーの欲求充足をたえず確認すること。

5 集団の目標を掲げるのは権威主義であるから，慎重にすること。

6 必要なときには介入する勇気をもつこと。

解答欄			

【問題解説】

1 リーダーシップは集団の目標達成をヘルプするものです。メンバー任せではグループはまとまりません。よって不適切です。

2 えこひいきされるメンバーがいると，いやな気持になります。自分は人より劣っているのではないかと考えてしまいます。よって適切（正解）です。

3 リチュアルとは，会の初めに握手をする，年に一度は懇親会をするなど，決まった儀式のことです。多すぎると窮屈になり，活動のさまたげになります。よって不適切です。

4 グループの活動がメンバーの欲求を満たすものになっているか，満足度をときどき確認することは大切です。よって適当（正解）です。

5 リーダーシップは集団の目標達成をヘルプするものです。そのために目標を決めることは権威主義とは言えません。よって不適当です。

6 リーダーは見守ったほうがよいときと，介入したほうがよいときとの識別をする柔軟性が必要です。そして介入する際には，勇気をもって行うことです。よって適切（正解）です。

〈解答〉 **2，4，6**

6 関係修復領域

ルームメートが長電話をしてうるさいので,「静かにしてほしい」と言ったら気まずくなってしまったという場合など，仲間の人間関係の不和をやわらげるのも，ピアヘルパーの仕事のうちです。

ところが，仲間の不和に割り込みすぎて不和をさらに悪化させたり，仲介の労をとったつもりが両方から悪評をあびたり，ということがありえます。そこで，ピアヘルパーが仲裁役を買って出るときの留意事項を解説しておきます。おもな留意事項が3つあります。

まず第1は，両方から介入の了承をとることです。第2は，一方に我慢させるのではなく，両方が自分はこの争いに勝ったと思うような対処をすることです。第3は，完全な和解を期待しないことです。

1 両方の了承

AとBが不和のとき，ピアヘルパーがAから言い分を聞いていると，それを見てBは「このヘルパーはAの味方である。Aとヘルパーは連合して自分に向かっている」と誤解します。

そこで，ヘルパーはAとBとそれぞれ別に会って,「私はあなたがたの折り合いをつける手伝いをする気があるのですがいかがですか」と，その意向を打診することです。「余計なことはしてくれるな」との返事が戻ってきたときには，その2人の間に立てません。

もしAは「お願いします」と言い，Bは「ヘルプ無用」と答えた場合は，「私はAの代理人としてあなたと話し合う気があるのですがいかがですか」と，Bに打診するのです。

これは，結婚カウンセリングと同じ原理です。夫婦2人を前にして，いきなり面談しないのが普通です。カウンセラーの目の前で口論が始まったときのおさめ方がむずかしいからです。もしも夫（妻）の言い分を支持すると，妻（夫）が不快になり事態がおさめにくくなります。同じように，不和の2人の間に立つときも，まず1人ずつと会話するのが原則です。

なるべくなら，「私はAとBにそれぞれ3回くらい会って，いまより快適な状況になれば手を引かせてもらいます」と約束しておくほうがよいでしょう。これは，いつまでもしつこくつきまとわないという意味です。

実際に仲裁に入ってからは，次のことに気をつけます。AとBの間に立って二重スパイのような役にならないために，「今日の話の中で，Bさんに伝えないほうがよいことがありましたら，言ってください」と，Aに確認しておくとよいでしょう。同じようにBに確認しておくことも必要です。善意でA（B）の感想をB（A）に伝えたために，B（A）が不快になることもあるからです。

大事なことは，AもBも「ピアヘルパーは自分の味方である」と信頼してくれることです。そのためには，基本的には，受容，繰り返し，支持の技法をふまえて話を聞き，相手の心情と2人の状況を把握することです。つまり，5W1Hをつかむことです。5W1Hをつかんだら，自分の理解の仕方に間違いはないかを確認するつもりで，その日の面談内容を要約し，「だいたいこんな理解でいいですか」と伝えて締めくくります。

このときのポイントは，「結局，相手（AはB，BはA）にどうしてほしいのか」をつかむことです。両方の言い分（欲求）の妥協線を見いだすのが，このピアヘルパーの任務なのです。

2 両方の勝利感

きょうだいげんかの場合,「お兄ちゃん（お姉ちゃん）だから我慢しなさい」と母親はおさめますが，仲間にはこれと同じ方式を使わないことです。「ピアヘルパーにまるめこまれた」「ピアヘルパーの顔を立ててやっただけだ」と不満が残るからです。そこで,次のようにするとよいでしょう。

⑴ 方法に折り合いをつける

例えば,年齢が同じでも学年が違うということが大学ではよくあります。年齢が同じだからといって，サークルの先輩Aを後輩Bが呼び捨てにするので，もめている場合を考えてみましょう。

ピアヘルパーとの会話の中で,Aが「Bは生意気だ」と言ったとします。これをそのまま「Aがきみを生意気だと言っている。もっと謙虚になれないか」とBに告げると,今度はBが「あいつこそ生意気だ！」となります。生意気というのは印象であり性格評価ですから，カチンとくるわけです。

そこで，Bには事実のみを伝えます。「きみがAを呼び捨てにするので，Aはそれが気にさわるらしいんだ。人前で呼び捨てにせず，2人のときだけ呼び捨てにするというわけにはいかないか」というぐあいです。つまり，性格（生意気）を変えるのでなく，行動（言い方）を変えるという提案をします。

そしてAには,「Bに『Aさん』と呼んで,『上級生であることを認めています』という態度を示すことはできないかと提案した。きみたちは年齢は同じだけれど，学年が違うことを認めている意思表示になると思う。2人のときだけ呼び捨てにしたらどうだろうか」と，こう言います。

折り合いをつけるとは，欲求充足の「方法」に折り合いをつけるという意味です。欲求そのものを我慢させると我慢の量の多いほうが,「自分は負けた，ゆずらざるをえなかった」と思い込むからです。

⑵ 感情を刺激する言葉を用いない

「いじめるなよ」「いばるなよ」「金をたかるなよ」と言うと感情を刺激します。「いじめていない」「いばっていない」「たかっているわけではない」と反論したくなるからです。感情を刺激する言葉を loaded word といいますが，この言葉を用いず「事実」を告げるようにします。

① 「きみはけちだ」と言わず，「ノートを借りることが多いわりには，人にノートを貸してあげることが少ないらしいので，もう少しこのバランスを修正できるとよいのだが……」と言う。

② 「いばるな」と言わず，「～だと断定的に言われると，勢いに圧倒され，萎えて縮こまってしまい言えなくなるらしいので，～じゃないかなあ程度の言い方にできないものかな……」と言う。

③ 「わがままをやめろ」と言わず，「～してよいかと仲間の了承をとってからというわけにはいかないか……」と言う。

このようなぐあいに，事実（行動の仕方）を修正する提案をするのです。性格の評価にならないようにするのが，間に立つ人の留意点です。

3 完全な和解を期待しないこと

いくら関係を修復しても，いままで不和だった者同士が，百年の知己（ちき）のようになるまで付き合うことはありません。「微妙な状態でも，とりあえず２人が学校に来続けているならそれでよし」とするわけです。こういう不和のため中退しないようにヘルプする程度で上出来です。

⑴ 予後

ある程度かかわって手をひいたあとは，その後「どうですか」とこちらから深追いしないほうがよいと思います。「問題の解決は徹底的になすべきである」というビリーフをもたないほうが，こちらも相手も楽です。

クラスの中で不和だったＡとＢが一緒の班になったり，忘年会などで隣同士に座ったりすることがあっても，すんでしまったことは話題にせず，「そんなこともあったなあ」程度の態度がよいでしょう。一度閉めてしまったフタをあけると，あと始末がまた一仕事になるからです。相手が改めて「もう一度相談にのってくれないか」と言ったときには応じる，ということにするとよいでしょう。

⑵ 負けるが勝ちの方法

ところで，間に立ってはみたが，ピアヘルパーにはなんともしがたい状況の場合には，専門のカウンセラーに相談に行くことです。いつまでも一人で抱え込まないことです。ヘルピー同士の不和が高じて，不登校，中退，刑事事件にならないともかぎりません。「こんなガラの悪い人間のいる大学はいやだ」と言って，中退する人もいるからです。あるいは激しいけんかになることもあるからです。

ここまで激しくはなくても，どう考えても一方の側が「さわらぬ神にたたりなし」という立場で，両方が勝ったと思えるようにするには，一方が「負けて勝つ」しかない場合もあります。この場合の負け方として次のような方法があります。

この人はなぜこんな言い方しかできないのか，なぜあんな行動しかとれないのかを，傍観者になりきって観察するのが第１の方法です。つまりこの不快な体験の元手を取るために，人間研究の機会にしようと心の中で定めるのです。「結局，彼（彼女）はああいうかたちでしか人に認められる方法を知らないのだ，人に認められたいと言うあがきなんだ」といったぐあいに相手の心情が読めてくると，気持ちも楽になります。「他者理解→他者受容」という図式です。

第２の方法は，その人の言動を予測して楽しむ方法です。「私が○○と言えば，たぶん△△と答えるだろう」と予測してから，「○○」と言ってみるのです。すると「当たった！」とか「はずれ！」とか，心の中で快哉(かいさい)

を叫ぶ（心が晴れやかになって思わず声が出る）事ができます。「不快だ，不快だ」と思うよりは気分が晴れます。

第3の方法は，このいやな人間関係は，自分の人生にとってどのような意味があるかを考える方法です。「いやなときでもお世辞を言って，うまくやりくりする練習である（これを裏面的交流といいます）。こういうことが不得手だったので，この機会に練習するのだ」，あるいは，「不快だけれども耐えることはできる。耐える訓練だ。あと数年で終わる耐寒訓練だ」といったぐあいに，こじつけでなく自分の納得できる意味を発見します。

第4の方法は，心の中で「バカヤロー」とどなる方法です。攻撃性を呼びさませば屈辱感をもたないですみます。気持ちが内にこもるから，気分がさえなくなるのです。

場合によっては，以上のような「負けて勝つ方法」をピアヘルパーが提案するのも有効です。

テスト問題

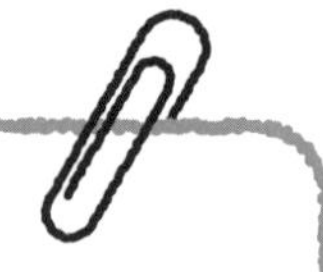

問　仲間が口論している場面でのピアヘルパーの対応として，次の文の中からもっとも適切なものを１つ選びなさい。

1　口論しているときに，弱者と思われる側の味方になる。
2　仲間の口論には口出ししない。
3　仲間の口論に介入したいときには，両者の了解をとってからにする。
4　仲間の口論には原則として「けんか両成敗」の態度で臨む。

解答欄	

【問題解説】

1　口論で弱者にみえるのは，相手に対してうしろめたい気持ちをもっている場合や，わざと弱者をよそおって加勢を求めている場合もあります。味方する前に注意したほうがいいでしょう。よって不適切です。
2　いつでも口出ししないというのは，一般化のしすぎです。場合によっては口出ししたほうがよいこともありえます。よって不適切です。
3　仲間の口論に介入する際には，介入してほしいのか，二人で話たいのか，当事者の了解をとる必要があります。よって適切（正解）です。
4　「けんか両成敗」も一般化のしすぎです。口論の内容にかかわらずこうするのは，正義の感覚を育てないと思います。よって不適切です。

〈解答〉　**3**

心理領域

精神科や学生相談室に行くほどではないけれど，日常生活で気になること，腹の立つこと，気分がすぐれないことなどがあります。あるいは，本を返してほしいのに言い出しにくいといったような，行動に関する不全感にとらわれることがあります。この程度のことなら，仲間との会話で少しは気が晴れたり，行動を起こせるようになったりします。このときの話し相手になるのも，ピアヘルパーの仕事です。

こういう相談にのるとき，ピアヘルパーは，カウンセラー然として，プロフェッショナルぶる必要はありません。自己開示で対応すればよいのです。ただし，ある程度の「策」は知っておくほうがよいでしょう。同病相憐れむかたちで，しりきれトンボの会話にならないですむからです。

1 考え方を検討する

落ち込む，腹が立つといった感情問題でも，言いたいことが言えない，したいことができないといった行動上の悩みでも，多くの場合はその背後になんらかの「考え方」がひそんでいるものです。

(1) その考えは事実に基づいているか

例えば，「すべての人に好かれるべきである」との考えに固執していると，「こういうことを言うと人に嫌われて損をするからやめておこう」となり，言いたいことが言えません。あるいは，たった1人の人に文句を言われても，人生がすべて自分を拒否しているように思って落ち込みます。

そこで，「すべての人に好かれたら，それにこしたことはない。しかし，私も人を嫌いになることがあるように，人も私を嫌うことがあるだろう。嫌われるのは快適ではないが，耐えられないわけではない。言いたいことを我慢する苦痛より，人に文句を言われる苦痛のほうがまだ耐えやすい」と考え方を修正すれば，少しは気が楽になります。

だいたいにおいて，人を不幸にする考え方には，人生の事実をふまえていないものが多いようです。つまり，願望と事実の識別が足りないのです。「すべての人に好かれたい」のは願望ですが，「すべての人に好かれるべきである」というのは，「願望どおりの事実があるべきだ」という理屈です。人生は，その人の願望に応えてつくられたものではありません。「人生は私のためのものだ」と言わんばかりの考え方がそこにはあるわけです。

⑵　その考えは論理的か

さらに，次のような考えもあります。「私は留年した。ゆえに人生の敗者である」。これは論理性のとぼしい考え方です。よく考えてみれば，留年という言葉と，敗者という言葉は結びつく必然性はないわけです。例えば，「私は留年した。それゆえに友達の数が増えるだろう。人脈が多いほど将来は得するはずだ」「私は留年した。それゆえに，ついでにほかの科目も聴講すれば知識が増えるだろう」といったぐあいに，「それゆえに」のあとにはいくつもの選択肢があります。悩む人は，この選択肢が目に入らないのです。特定の考え（私は敗者である）を任意に選んで，いかにもそれが絶対であるかのように思い込んでいるのです。

このように，悩みのもととなる考え方を発見して検討してみるのが１つ目の方法です。ピアヘルパーは，「私の場合，こういうときにはこう考えている。そこがこの人と違うところだ」と思ったら，「私は～と考えて生きていますが，私の考えを参考にして，ご自分の考え方を少し修正してみる気はありませんか」と応じてみるとよいでしょう。

ところで，なかには考え方を変えるより，事態を変えるほうが現実的（有効的）ということがあります。そのような場合について次に述べます。

2 状況を変える

「ぼくを飲み会に誘ってくれないのです」「私の誕生日を祝ってくれた友達が１人もいなかったのです」と，しょんぼりしている仲間がいるとします。このような場合，「孤独が人を強くするんだ」と考え方を修正するよりも，友達とうまく付き合う方法を考える（事態･状況を変える）ほうが，ずっと効果的です。例えば，「きみ，年賀状は出してる？」「ノートを貸すことはないの？」「コーヒーをおごってやることはなかった？」などと，ピアヘルパー自身の体験をもとにたずねるとよいでしょう。

こういうソーシャルスキル（対人関係の要領）を，ピアヘルパーの体験を語ることで教えてあげるわけです。

世の中には自分の不精を棚にあげて，人生をぼやく人がいるものです。「棚ぼた」の心理です。悪意があるわけではないから，とがめる必要はありません。そのことに気づいてもらえば一件落着です。

さて，「考え方を工夫する」「状況の変化を工夫する」の２つについて説明しました。ところがこの２つのほかに，もう１つ確認したほうがよいことがあります。それは，本人は事実であると思い込んでいるが，ほんとうは誤認ということがあるという話です。

3 事実の確認

「姉は４年制の大学を出たのに，私は短大しか行かせてくれなかった。父は私に対してケチだった」と訴える人がいます。ところが，「父はケチ」というのが事実でないことがあります。「末娘を手放したくないので，地元の短大に家から通ってほしいのではないか」と推論できることがあります。実際のところ，「父はケチ」という推論より，「父は未娘を手放したくない」という推論のほうが事実に近いのです。このように，事実をつかむことで怒りが少なくなることがあります。

要するに，ヘルピーと会話しながら，どういう根拠でそのように考えているのかを検討するわけです。そして，事実を確かめることです。例えば，「私は頭が悪い」と言う人には，どういう根拠があるのでしょうか。英語ができないということだけで，「頭が悪い」といえるのでしょうか。英語ができない人間は，何もかもできない人間だというのは，「一般化のしすぎ」です。「一般化のしすぎ」は事実を語ってはいないのです。

このように，事実を確かめることで心が軽くなることがあります。

日常生活でありがちな感情と行動の悩みには，⑴考え方の修正，⑵状況の修正，⑶事実の確認の3つの切り口があるという話をしました。

こういう受け応えをするには，ピアヘルパー自身が，自分はどんな考えをもって生きているか，対人関係でどんな行動をとっているか，事実認識はどのようにしているか（誤認しないためにどうしているか）に気づいていることが大切です。気づいている人と比較することで，ヘルピーはこの人と自分はどこが違うかに気づきます。この違いから，相手が何かヒントをとってくれるとよいのです。

では，ヘルパー自身が自分のことに気づくには，どうしたらいいのでしょう。その作業を自己理解といいます。

4 自己理解のために

自己理解とは，自分の弱点と長所に気づくことです。これに気づかないと，よかれと思って自他を不幸にすることがあります。また，自分はダメ人間だと思っていたのに，意外に自分も捨てたものではないと気づいて，元気になることがあります。

自分で自分のことに気づかないことを自己盲点といいます。学生にちやほやされている教授は，自己盲点に気づかないので，一人よがりになりがちです。それゆえ，「先生は女性に偏見があるんじゃないですか」「先生は数学科の学生に統計学を語るときは，声が小さくなりますね」と正直に告げてくれる学生が周りにいると，教授も人間として成長するのです。

青年も同じです。あたりさわりのないことしか言わない人間や，お世辞しか言わない人間と付き合っていると，「世の中はこんなものだ」と思ってしまいます。自己盲点に気づかず，人の気持ちの察しが悪い，傲慢な人間になります。そこで，正直にものを言ってくれる人間に囲まれて，数日あるいは数時間でもいいですから生活することです。その場を意図的に設定するのが構成的グループエンカウンター（SGE）です。

SGEでは，さまざまなエクササイズを体験しているうちに，自分のことに気づきます。例えば，「口下手な自分でも，非言語的表現の読み取りは人よりすぐれている」というぐあいです。また，エクササイズのあとのシェアリングを通して，「ジャンケンが面白かったという人がいるのに，自分は少しも楽しくなかった。自分は子ども心が少ない人間らしい」といったぐあいに，自分への気づきがあります。

SGEには1泊2日，2泊3日のほかに，日帰りのもの（1日体験），3時間くらいのもの（研修会の1コマ），60分くらいのもの（休講時間を利用したもの）などがあります。時間が長いほど効果はありますが，15分くらいのSGEでも，「自分はおしゃべりだ」「世の中には悲しい体験をした人もいる。私は幸福者だったんだ」くらいの発見はあります。

SGEに参加できないときは，学生相談室などでプロのカウンセラーからカウンセリングを受けるとよいでしょう。精神分析でいう教育分析に相当するもので，カウンセリングの世界では「パーソナルカウンセリング」といいます。それもむずかしいときは，仲間のピアヘルパーに何回か話し相手になってもらうことです。

いずれにせよ，自己理解の度合い程度にしか，他者理解はできないということです。

テスト問題

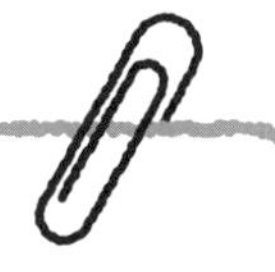

問 下記の考え方の中から，
ラショナルな（事実に基づいた，論理性のある）ものを１つ選びなさい。

1 あの人は私を振るべきでなかった。私は食事を作ってあげたり，看病もしてあげたのに。

2 専攻の選択をまちがえた自分はダメ人間です。もう引き返すこともできませんし。

3 悪いときもあれば，よいときもある。就職試験に一度落ちたからといって，今後永遠に受からないと決まったわけじゃない。

4 男のくせに泣くんじゃない。頼りがいがなければ男ではない。そんなことでは女性に笑われる。

解答欄	

【問題解説】

1 食事の世話や看病をしてあげたからといって，私を振ってはならないということにはなりません。もし逆の立場ならどうでしょう。人には選ぶ自由と拒否する権利があります。「いろいろ尽くしている私を振るなんて残念な人だ」くらいに思うことはできないでしょうか。よってイラショナルです。

2 たとえ専攻の選択を間違えたとしても，それでなぜダメな人間といえるのでしょうか。引き返さなくても，新たな道はあるものです。「引いてだめなら押してみよ」です。よってイラショナルです。

3 この文章は，事実に基づいた，論理性のあるもの（正解）です。

4 「男はこのようにあるべきだ」という差別的な思想が含まれています。事実に基づかず，願望と事実を混乱させています。よってイラショナルです。

〈解答〉 **3**

column 新しい時代のカウンセリング

構成的グループエンカウンターが，最近のカウンセリングの動向になった理由は５つあります。

①心のふれあいのないことがさまざまな問題（例．学級崩壊，不登校，いじめ，自殺，非行）の原因らしいと思われ始めたこと，
②自分はどんな人間かをつかめること（自己発見），
③他の教育方法にも応用できること，
④技法が学びやすいこと，
⑤短時間でも実施できること，です。

ソーシャルスキルトレーニングも最近のカウンセリングの動向です。

カウンセリングが導入された初期のころは，共感と受容がいちばん大切であると強調され，それさえあればどんな問題でも解けると信じられていました。しかし，現在は違います。お礼の言い方，お詫びの仕方，仲直りの仕方，デートの申しこみ方などを教わらないと，人間関係のもてない人が少なくない時代になったからです。

サイコエジュケーションも，これからの時代の新しいカウンセリングです。グループ対象に能動的に働きかけるもので，性教育，人権教育，異文化へのガイダンス，薬物依存防止講座，ピアヘルピング講座，育児講座，婚前教育，などがあります。こうなってくると，カウンセラーは人の話を聞く能力のほかに，人前で話す能力も必要になります。

このように，カウンセラーにはカウンセラーの座（役割）からおりて，人間としての自分を表現する勇気も必要だとする傾向が強まってきました。カウンセラーの自己開示が相手に安心感と親近感と自己発見のきっかけを与え，やがてはそれらが自己肯定感や人生肯定感として展開するからです。

ピアヘルパーのための
参考文献

『ピアヘルパーワークブック』
日本教育カウンセラー協会編，図書文化

本書『ピアヘルパーハンドブック』の姉妹編。
人をヘルプする技術を，体験を通して身につけます。

『18歳からの人生デザイン』
國分康孝著，図書文化（電子書籍）

就職・進学・恋愛・結婚・人間関係……，これから直面する人生の課題に。
ヘルピーにもヘルパーにもヒントとなる，自分らしく幸せをつかむ極意。

『〈自己発見〉の心理学』
國分康孝著，講談社現代新書

いつのまにか自分を縛り，自分を苦しくしている考え方があります。
「ねばならない」から自由になることは幸せへの第一歩です。

『カウンセリング心理学入門』
國分康孝著，PHP新書

カウンセリング心理学の基本と，人生への生かし方。

『構成的グループエンカウンターの理論と方法』
國分康孝著，図書文化

『構成的グループエンカウンター事典』
國分康孝監修，図書文化

構成的グループエンカウンターを知るには，こちらがおすすめです。

日本教育カウンセラー協会
ならびに認定資格について

日本教育カウンセラー協会とは

特定非営利活動法人・日本教育カウンセラー協会（JECA）は，教育カウンセリングの考え方や方法を普及し，青少年の健やかな成長と国民の教育・福祉の向上に寄与することを目的に，1999年6月に発足しました。

研修会の企画や「ピアヘルパー」「教育カウンセラー（初級・中級・上級）」などの養成・認定を行っています。2002年12月には，研究活動の促進と発展のために，日本教育カウンセリング学会（JSEC）を立ち上げました。2009年からは，日本スクールカウンセリング推進協議会（JSCA）に加盟し，6資格7団体が協働する「ガイダンスカウンセラー」の資格認定とスクールカウンセリングの学校教育への普及定着の促進を行っています。

2023年現在，JECA地方研究会（支部）は36を超え，7500人の会員が，教育・福祉の各方面で活躍しています。

特定非営利活動法人
日本教育カウンセラー協会（JECA）
HP https://www.jeca.gr.jp/

認定資格「ピアヘルパー」とは

ピアヘルパーは，「心の専門援助者をめざすためのパスポート」として，日本教育カウンセラー協会が認定する，学生を対象とした資格です。これまで約5万人が認定を受けました。

教育・保健・医療・美容・観光など，さまざまな分野の短大・大学・専門学校の学生さんが学んでいます。その共通点は，いずれも，それぞれの専門分野を通じて「人を助ける仕事」であるということです。

ピアヘルパーの認定を受けられるのは資格加盟校に所属の学生で，所定の要件を満たす2科目4単位を履修する必要があります。履修科目や受験の詳細については，各所属校にご確認ください。

認定資格「子育て支援教育カウンセラー」とは

ピアヘルパーは，資格取得と同時に「子育て支援教育カウンセラー補」の認定を受けられます。その後，保育・教育・医療・福祉・地域支援などの分野で実務経験を1年以上積み，所定の研修を受けると「子育て支援教育カウンセラー」に移行できます。2022年度から認定が始まりました。

認定資格「教育カウンセラー」とは

ピアヘルパーは，「カウンセリングや関連する心理学の理論方法について学習し，教育・福祉・保育などの実際場面で人とかかわるために必要な基本的な力を身につけた者」であることが証明されます。

それに対して教育カウンセラーは，学校において「学級経営や授業，特別活動や生徒指導，家庭訪問や三者面談，進路指導や道徳教育，個人教育プランやサイコエジュケーションなどにカウンセリングの発想や技法を駆使し展開できるプロフェッショナル」です。初級・中級・上級があります。

ピアヘルパーは日本教育カウンセラー協会の一般会員になることができますので，卒業後も継続的に学習する機会が得られます。

あとがき

ピアヘルパーの心意気

本書は，日本で最初のピアヘルピングのテキストです。このテキストを読まれた方は，どうぞピアヘルパーの心意気をもってください。それは親鸞の言葉で表現すると「有縁(うえん)を度(ど)す」（身近な人を助ける）精神です。

自分自身も生き方を求めてさまよっているかもしれませんが，さまよいつつもそこで出会った仲間に自分を与える人生を志している人——それがピアヘルパーです。

この本では，ピアヘルパーのミニマムエッセンシャルズ（最低限必要な知識）を記しました。それをキーワードで整理すると，次のようになります。

カウンセリング，ピアヘルパー，ヘルピー，旅の道づれ，SGE，自己開示，発達課題，ヘルピングスキル。そして最後に，私が現在のところ全精力を傾けている日本教育カウンセラー協会。

では，みなさん，good luck!

編集代表　國分 康孝

新版あとがき

國分康孝先生が精力を傾けて執筆した『ピアヘルパー・ハンドブック』の改訂に携わることができ，とてもうれしく思っています。

國分先生はカウンセリング心理学の第一人者で，院生時代，先生から多くの印象に残るコメントをいただきました。シェアリングの際，グループがおしゃべりで盛り上がってしまった時には，「鈴木，いま話しているのは，近所の人が集まってする井戸端会議だ。シェアリングとはこうやるんだ」と，國分先生が自ら自己開示しながら教えてくださいました。SGE合宿で私がいろいろな感情が溢れて涙が止まらなくなったときも，気持ちの整理の仕方を教えてくださいました。いつも学生の話に耳を傾け，適切に指導くださいました。SGEに対する熱い想いを先生から感じていました。

それだけに，本書を改訂するのは簡単な作業ではありませんでした。先生の言葉はなるべくそのままに残しつつも，今の学生に身近な問題として取り組めるように，むずかしい四字熟語はカッコ内に解説を入れ，例をわかりやすく変更しました。また，テスト問題には全て解説を入れるとともに，正解・不正解を明確にしました。このような改訂の作業に，図書文化社の渡辺佐恵さんをはじめ，編集の方には本当にお世話になりました。細かい作業を熱心に行ってくださいました。また，聖徳大学の平野真弓さんにも編集をお手伝いいただきました。感謝しております。

「鈴木，なかなかいい改訂ができたよ。君は僕の言いたいことを，よく理解しているよ。ありがとう」。天国でそうおっしゃってくださっているのではないかと，ひそかに期待しています。

新版改訂委員　鈴木由美

編集者

特定非営利活動法人 日本教育カウンセラー協会

編集協力者（2001年当時）

新井邦二郎 筑波大学教授
池場 望 東洋大学講師
茨木俊夫 埼玉大学教授
岸 俊彦 明星大学名誉教授
河野義章 東京学芸大学教授
國分康孝 東京成徳大学教授
高野清純 東京成徳大学教授
中野良顯 上智大学教授
福島脩美 目白大学教授
吉田辰雄 東洋大学教授

新版改訂委員（2023年現在）

藤川 章 日本教育カウンセラー協会理事
鈴木由美 豊岡短期大学教授・聖徳大学兼任講師

新版　ピアヘルパーハンドブック

2001年4月1日　　　　初版第1刷発行
2023年4月1日　新版　初版第1刷発行
2024年10月1日　新版　初版第2刷発行

編集者　NPO法人　日本教育カウンセラー協会©
発行者　則岡秀卓
発行所　株式会社図書文化社

〒112-0012　東京都文京区大塚1-4-15
Tel　03-3943-2511　Fax　03-3943-2519
http://www/toshobunka.co.jp/

デザイン・組版・印刷　株式会社加藤文明社印刷所
製本　株式会社駒崎製本所

乱丁・落丁本はお取り替えいたします
定価はカバーに表示してあります
ISBN 978-4-8100-3776-0　C3011